KB264792

얘들아!
오늘 체육,
교실이야!

얘들아! 오늘 체육, 교실이야!

교실에서 만나는
스포츠 영화 이야기

정일화 강민수 권순신 박아름
서유정 성대한 이정우 임재은
장필준 정영수 최병화 한동수 지음

〈스프린터〉 미련과 꿈과 욕망이 교차하는 100미터의 삶 〈아이스 프린세스〉 자신의 진짜 길을 찾아가는 빙판의 도약 〈페이스메이커〉 주연도 조연도 아닌 자신을 위해 달린다 〈뚜르 드 프랑스〉 천국의 풍경에서 펼쳐지는 지옥의 레이스 〈포드 v 페라리〉 열정으로 타오른 레이싱의 전설 〈세크리테리엇〉 운명처럼 전설의 명마를 만난 안목과 결단 〈나의 펜싱 선생님〉 전쟁으로 혼자 된 아이들에게 희망을 꽃피우다 〈소울 서퍼〉 파도를 타는 한 팔 소녀의 도전 〈세상에서 가장 빠른 인디언〉 꿈은 나이를 먹지 않는다 〈쿨 러닝〉 뜨거운 섬에서 얼음 위를 달리다 〈1승〉 모두의 간절함이 이뤄낸, 단 한 번의 값진 승리 〈슈퍼스타 감사용〉 기록보다는 기억 속에 영원한 선수 〈퍼펙트 게임〉 서로의 존중과 선의의 경쟁에서 빛나는 다이아몬드 〈킹 리차드〉 철저한 계획과 신념으로 편견의 세상에 별을 띄운 아버지 〈코치 카터〉 승리보나 삶을 가르치다 〈블라인드 사이드〉 한 소년의 인생을 바꾼 사랑과 배려 〈땡큐, 대디〉 속도를 내려놓고 추는 따뜻한 동행 〈맥팔랜드, USA〉 환경이 척박해도 희망은 자란다 〈킹콩을 들다〉 서로를 지지하는 소녀 역사들의 성장기 〈땐뽀 걸즈〉 반짝거리는 명랑 소녀들의 발랄한 춤의 한바탕 〈리멤버 타이탄〉 흑백 갈등을 딛고 하나가 된 고교 풋볼 팀의 승전보 〈히말라야〉 목숨을 건 사랑과 우정의 서사

크록

펴내며

스포츠는 삶에 비유됩니다. 우리의 삶도 끝날 때까지 승패를 알 수 없는 극적인 경기라 할 수 있기 때문일 것입니다. 어릴 때 상어의 공격을 받아 한 팔을 잃었지만 꿈은 잃지 않은 〈소울 서퍼〉(2011)의 소녀는 이렇게 말합니다. "파도 밑에 처박혀도 곧바로 일어나야 한다. 파도 너머 무엇이 있을지 알 수 없으니까."

스포츠 영화는 우리 삶의 여정에 힘을 불어넣는 인물의 전형을 보여 줍니다. 날이 갈수록 남에게 보이는 삶에 얽매이고 성공의 기준을 자신이 아닌 다른 곳에서 찾는 세태 속에서, 스포츠 영화 속 주인공은 우리에게 신선한 가르침을 선사합니다. 〈루디 이야기〉(1993)에는 이런 대사가 나옵니다. "세상 누구에게도 증명할 필요 없어. 너는 너한테만 증명하면 돼."

모든 삶은 저마다 소중합니다. 순위보다 중요한 것은 제 몫을 끝까지 해내는 것입니다. 어려움이 닥치더라도 자신의 실타래를 다 풀어내야 합니다. 남과 비교하며 앞선다고 우쭐해하지 않기를, 또 뒤진다고 초조해하지 않기를, '나다운' 꿈을 키우길 바라는 마음입니다. 이 책이 스포츠와 종목에 대한 이해와 더불어, 부디 각자의 여정에서 '나의 삶'을 향하는 나침반과 디딤돌이 되기를 소망합니다. 그럼, 여러분의 건투를 빕니다.

— 저자를 대표하여 정일화

차례

제3부 '우리'가 함께라면 그 무엇도 할 수 있어!

제1부

'나'를 찾아가는
용기의 여정!

스프린터

'4월에 피는 꽃도 있다. 5월에 피는 꽃도 있다.' 나는 이 말을 참 좋아한다. 어떤 꽃은 이른 봄, 아직 찬바람이 남아있는 땅 위에서 피어나고 어떤 꽃은 한껏 따뜻해진 햇살을 받고서야 고개를 든다. 같은 나무에서도 꽃잎마다 피어나는 때가 다르고, 같은 꽃이라도 바람이 부는 대로 비가 내리는 대로 저마다의 순간을 기다린다. 하지만 그 누구도 '왜 너는 늦게 피었느냐'라고 묻지 않는다. 단지 그 순간이 그 꽃에 가장 알맞은 시간일 뿐이니까.

우리는 종종 인생의 정답을 찾으려 한다. 언제 대학에 가야 하고, 언제 직업을 가져야 하며, 언제쯤이면 '어른'이라는 이름에 걸맞아야 하는지 고민하다가 문득 두려워진다. 남들보다 조금 늦어도 괜찮을까, 다르게 살아도 괜찮을까. 하지만 삶은 정해진 길을 따라 흐르는 것이 아니다. 물이 바위를 만나 방향을 틀 듯, 바람이 불면 나뭇잎이 흔들리듯, 인생도 때론 예측할 수 없는 흐름 속에서 우리만의 모양을 만들어 간다. 어떤 이는 빠르게 앞서 나가고, 어떤 이는 잠시 멈춰 숨을 고른다. 누군가는 서툰 걸음으로 헤매고, 누군가는 오래도록 고민하다가 비로소 한 발을 내디딘다. 그러나 그 모든 순간이 틀린 것이 아니다. 저마다의 시선으로 세상을 바라보고, 각자의 방식으로 의미를 찾아가는 것. 그것이 바로 '살아간다'라는 것이 아닐까.

〈스프린터〉(2023)는 육상 경기의 기록 경쟁만을 그리는 영화가 아니다. 이 영화는 어쩌면 육상이 아니라, 인생의 이야기. 모든 것을 걸고 달리는 사람들, 그들의 절박함과 한계를 넘고 싶은 욕망을 세 명의 선수를 통해 섬세하게 담아낸다. 이들이 준비해 온 모든 순간이 국가대표 선발전이라는 단 한 번의 경기에 달려 있다.

한때 국가대표 신기록을 세웠던 베테랑 스프린터 '현수'. 누구보다도 빠른 속도로 트랙을 가르며 모든 이의 시선을 사로잡고 경기장에서는 늘 그의 이름이 울렸다. 하지만 세월은 그의 발목을 붙잡는다. 어느덧 그도 은퇴를 고민해야 할 나이가 되고, 더 이상 예전처럼 뛸 수 없는 현실을 마주한다. 나이는 숫자에 불과하다고 믿고 싶지만, 몸은 정직하다. 한때 힘차게 내디뎠던 발걸음은 이제 무거워졌고 예전처럼 기록이 나오지 않는다. 그에게 육상은 단순한 스포츠가 아니다. 그의 전부이자, 삶 자체이다. 그는 아직 육상을 떠날 준비가 되지 않았고, 그렇기에 그는 끝까지 달리고 싶다.

그는 더 이상 소속팀도 없이 홀로 훈련을 이어간다. 번듯한 훈련장도 스폰서도 없어 시민에게 개방된 공설운동장에서 혼자 몸을 풀고, 달리고, 쉬고, 밥을 먹는다. 그래도 여전히 철저한 식단과 정해진 훈련을 소화하며 그동안 해온 것처럼 성실하게 하루하루를 보낸다. 현수에게 특별한 사정이나 사연이 있는 것은 아니다. 어린 시절부터 해온 육상이고, 육상은 현수에게 전부이기에 그는 자신이 해온, 자신에게 주어진 일을 지금도 열심히 해내고 있을 뿐이다.

그렇게 현수는 똑같이 연습하고 훈련하는 데 그를 둘러싼 현실은 똑같지 않다. 이제 대회에서 신기록은커녕, 순위권에 드는 것도 어렵다. 출발선에 설 때를 제외하고는 그의 이름은 더 이상 불리지 않는다. '왜 이러지? 나는 한눈도 팔지 않고 계속 똑같이 훈련하는데…' 현수는 받아들이기가 어렵다.

그런 그의 곁에 아내가 있다. 그가 새벽에 홀로 운동장으로 나갈 때, 다리에 테이핑을 하고 있을 때, 땀으로 흠뻑 젖어 돌아올 때도 그녀는 묵묵히 그의 곁을 지켰다. 현수는 자신을 탓하지도 다그치지도 않는 아내에게 고맙고 미안할 뿐이다. 그녀는 오히려 혼자 운동하며 고군분투하는 현수가 안쓰럽고 자신이 할 수 있는 만큼 도움을 주고 싶다. 현수보다 먼저 은퇴를 경험한 선수로서, 은퇴 이후의 삶도 응원할 준비가 되어 있다. 그녀의 목소리는 차분하지만, 눈빛 속에는 많은 감정이 담겨 있다. 하지만 현수는 고개를 젓는다. "한 번만 더." 그는 알고 있다. 이번 국가대표 선발전이 그에게 주어진 마지막 기회라는 것을. 그렇게 그는 경기장으로 향한다.

고등학생 '준서'는 한때 유망주였지만, 이제는 기록이 정체된 선수다. 유망주라는 말 뒤에 숨어 점점 나태해지고, 학교 육상부에서는 가장 빠른 선수였지만 전국 대회에서는 이도 저도 아닌 기록의 선수다. 그는 훈련보다 핑계를 더 잘 찾았고, 달리는 것보다 도망치는 것이 익숙하다. 그러던 어느 날, 학교에서는 성적도 그럭저럭 시시한 육상부를 계속 운영할지에 대한 고민으로 육상부가 해체될 위기에 처한다. 준서가 대표 선발전에서 뽑히지 않으면 육상부는 없어진다. 그제야 정신이 번쩍 든다. 이제는 달려야겠다는 생각이 든다.

하지만 지금까지 육상부를 지도해 준 선생님은 그런 준서에게 어차피 해체될 육상부, 무리하지 말라며 차라리 잘 되었으니 하루라도 빨리 접고 공부를 하라고 한다. 육상을 죽을 때까지 할 수 있는 것도 아니고, 대회에서 1등을 하고 국가대표를 한들 결국은 정규직에 목매며 안절부절못하는 자신의 모습을 보라며. 하지만 이런 말이 준서의 귀에는 들어오지 않는다. 준서의 머릿속에는 당장 기록을 줄여 선발전에서 1등을 하고 싶다는 생각으로 가득 차 있다.

그럼, 지금부터 어떻게 해야 할까? 준서는 미뤘던 방학 숙제를 하듯 그동안 게을리한 훈련을 쉴 틈 없이 몰아치기 시작한다. 당장 그날부터 준서는 운동장을 떠나지 않고, 달리고, 달리고 또 달린다. 그런 준서의 모습을 보며 선생님은 답답하기만 하다. 그토록 바라던 정규직 전환이 코앞인데… 그래도 육상부를 해체하면서까지 정규직이 되고 싶은 건 아닌데. '어차피 성적도 안 나오니 해체되어도 어쩔 수 없지.'라고 눈을 감고 싶지만, 마음은 복잡하고, 갑자기 달려들어 훈련에 열심인 준서가 자꾸만 눈에 밟힌다. 선생님은 결국 준서를 외면하지 못하고 그를 돕는다. 준서는 이제야 비로소 육상의 재미를 알아가는 듯하다. 그렇게 그는 마음도 몸도 가볍게 트랙에 들어선다.

'정호'는 현재 대한민국에서 가장 빠른 스프린터다. 그는 실업 팀에서 에이스로 불리고, 언제나 1등을 놓치지 않는다. 코치들도 후배들도 모두 그를 최고라고 부른다. 하지만 그는 알고 있다. 최고의 자리는 언제든 빼앗길 수 있는 자리라는 것, 가장 높은 곳에서는 내려올 일뿐이라는 것을. 늘 앞서 달려야 한다는 강박감에 시달리는 그는 1등을 유지하는 것은 어떤 순간보다 짜릿하면서 동시에 가장 두려운 일이기도 하다. 그리고 그는 선택의 기로에 선다. 결국 약물을 투여하고 쉽게 지치지 않는다. 훈련장에서 자신을 위협하던 후배들보다 월등하게 앞서니 마음이 놓이고 다시 자신감이 생긴다. 하지만 얼마 지나지 않아 부작용이 찾아온다. 피부가 약해지고 실핏줄이 터진다. 그래도 그는 멈추지 않는다. 1등을 지키고 싶고, 그러기 위해서는 이것이 꼭 필요하다고 믿는다.

하지만 꼬리가 길면 밟히는 법. 코치는 이 사실을 알고 노발대발한다. 정호를 비난하고 무시한다. 그런 코치 앞에서도 정호는 선발전에서 1등을 하면 전담 코치로 추천을 해주겠다며 더욱 뻔뻔해진다. 이제 그는 승부에 눈이 멀어 아무것도 보이질 않는다. 그가 지켜야 하는 것은 자신의 존재, 자신의 가치다. 그는 자신이 최고임을 증명하기 위해 허벅지에 테이핑을 가득 두른 채 출발선에 선다.

스포츠 영화는 흔히 승리의 감동, 주인공의 성장, 팀워크의 중요성을 강조한다. 역경을 이겨내고 결국 승리를 거두는 이야기. 하지만 이 영화는 조금 다르다. 이 영화는 단순히 '열심히 하면 이긴다.'라는 공식을 따르지 않는다. '왜 달리는가?'를 묻고 각자의 이유와 방식으로 성장하는 모습을 그려낸다. 또한 각자의 절박함을 압축적으로 담아내며, 캐릭터 각각에게 충분한 생동감을 부여한다. 스포츠를 통해 인생의 교훈을 얻는 것이 아닌, 육상 그 자체가 그들의 인생을 상징한다. 세 선수가 같은 트랙 위에 서는 순간, 영화는 스포츠가 아닌 현실을 보여준다. 경기장에서 그들이 내딛는 한 걸음 한 걸음이 단순한 기록 경신이 아니라, 삶의 단면을 대변하는 과정처럼 느껴진다. 마치 우리 모두의 인생이 각자의 환경에서 펼쳐지지만 결국은 같은 세상을 살아가고 있는 것처럼 말이다.

국가대표 선발전이 열리는 날, 그렇게 그들은 같은 트랙 위에 선다. 현수는 육상을 놓고 싶지 않아서 달린다. 준서는 팀이 해체될 위기에서 살아남기 위해 달린다. 정호는 자신의 자리를 지키기 위해 달린다. 총성이 울리고 스타팅 블록을 박차고 나가는 순간 모든 고민과 생각은 사라진다. 그 순간에는 오직 달리는 것만 존재할 뿐이다.

현수는 끝까지 포기하지 않는다. 그동안 해왔던 대로 끝까지 성실하게 그의 달리기를 해낸다. 그가 탈락했다는 사실은 중요하지 않다. 여전히 육상을 사랑하는 그는 모두가 경기장을 떠날 때까지 한참을 트랙 위에 서 있는다. 준서는 국가대표가 되지만 선생님이 정규직이 되지 못한 것에 죄책감을 느낀다. 그런 그에게 선생님은 오히려 '잘해줘서 고맙다.'라고 말한다. 정호는 가장 먼저 결승선을 통과하지만 결국 도핑 양성 반응으로 모든 것을 잃는다. 승리의 강박이 만들어낸 어두운 그림자 속에서 정호는 자신이 지키고 싶은 그 어떤 것도 지켜내지 못한다.

이 영화가 보여준 것은 단순한 육상 경기가 아닌, 세상을 살아가는 많은 이들의 인생 여정이었다. 누군가는 끝까지 달리고, 누군가는 탈락하며, 누군가는 무너진다. 청소년기에는 목표를 세우고 그 목표를 이루기 위해 노력하는 과정이 중요하다고 배운다. 하지만 현실은 단순하지 않다. 때로는 노력해도 원하는 결과를 얻지 못할 때가 많다. 경쟁 속에서 남보다 뒤처질까 봐 불안해질 때도 있고, 모든 것을 쏟아붓지만 끝내 실패하는 순간도 있다. 인생은 그렇게 우리를 성장시킨다.

인생의 트랙은 경쟁이 아니다. 삶은 하나의 경주가 아니라 각자의 트랙을 달리는 여정이며, 빠르다고 해서 먼저 도착하는 것도 아니다. 때로는 넘어지고 멈추고 길을 잃기도 하지만, 중요한 것은 그때마다 다시 일어나 달리는 용기다. 결승선은 정해져 있지 않다. 나의 결승선은 내가 만드는 것이다.

자신의 길을 찾아가는
빙판 위의 첫 도약
아이스 프린세스

"이젠 내 꿈을
쫓아갈 거야."

피겨 스케이팅은 빙판 위에서 음악에 맞춰 스케이팅 동작 기술의 정확성과 예술성을 겨루는 종목으로, 동계 올림픽의 꽃이라 불린다. 우리나라에서는 김연아 선수가 각종 세계 대회를 석권하고 2010년 동계 올림픽 여자 싱글 부문 금메달을 획득한 바 있다. 〈아이스 프린세스 Ice Princess〉(2005)는 피겨 스케이팅을 단순한 스포츠가 아닌, 꿈과 성장의 이야기로 풀어낸다. 이 영화는 하버드를 목표로 공부하는 과학 영재 '케이시 칼라일'이 물리학 수행 과제를 하면서 일어나는 이야기를 다룬다.

하버드 대학교 진학을 꿈꾸는 과학 영재 케이시는 과학 선생님의 추천으로 장학금 후보가 된다. 선생님은 케이시에게 "네가 갈 길은 하나뿐이잖니?"라고 말하며, 자신이 어떤 학생인지 보여줄 수 있는 주제를 찾아보라고 조언했다. 이에 평소 피겨 스케이팅 팬이었던 케이시는 피겨 스케이팅의 동작을 물리학의 원리로 풀어내기로 한다.

케이시는 지역 유망주들이 훈련하는 스케이트장에 연구 자료를 촬영하러 갔다가, 그곳의 주인이자 코치인 티나에게 제지당한다. 다행히 코치의 딸이 같은 학교 학생이라 허락을 받게 되어 의외로 일이 쉽게 풀린다.

영상 자료를 본 친구의 "뭔가 조금 부족하다. 너를 완전히 던져

보라”라는 한마디에 본인이 직접 피겨 스케이팅을 배워 보기로 결심하고 코치를 찾아간다. 케이시는 스케이트장 매점에서 아르바이트를 하며 비싼 강습비를 마련하고, 틈틈이 연습에 매진한다. 어느 날, 물리학 가설을 증명하기 위한 영상을 찍다가 본인도 놀랄 만큼의 실력 향상을 경험하고, 이후 주니어 선수권 대회의 출전 자격까지 획득하게 된다. 보고서를 본 물리학 선생님의 “과제를 돈 받고 팔아도 되겠다”라는 말에 자신의 연구를 토대로 친구들의 기술을 고쳐 주며 강습비를 감당하고, 대회에 출전하기로 결심한다.

“무릎을 더 딱 붙이고, 발에 중심을 두면 더 빨라질 거야!”
실제로 피겨 스케이팅에서 선수는 짧은 시간 안에 빠르게 회전하기 위해 팔을 오므린다. 팔과 다리를 중심으로 모으는 것은 몸의 중심에서 팔까지의 거리와 회전 반지름을 줄이고 그에 반비례하게 회전 속도를 증가시키는 ‘각운동량 보존 법칙’에 따른 것이다. 원하는 회전수를 돈 후에 안정적으로 착지하는 것도 중요한데, 착지할 때는 팔과 다리를 뻗어 회전 반지름을 크게 하면서 회전 속도를 줄인다. 회전력에는 이를 방해하는 관성 모멘트(저항)가 작용하며, 팔과 다리를 뻗어 회전 반경을 길게 만듦으로써 회전 속도를 늦출 수 있다.

드디어 경기 당일, 신인 선수답지 않게 훌륭한 성적으로 쇼트를 마친 케이시에게 코치는 "스케이트가 너무 낡았다"라며 새로운 스케이트를 건넨다. 그러나 사실 코치는 케이시가 자기 딸의 순위를 위협할 수준이 되자, 길들여지지 않은 새 스케이트를 신게 하여 프리 경연을 망치려는 의도를 품고 있었다. 결국 케이시는 상처투성이 발로 대회를 망치고 만다.•

대회가 끝난 후 이 사실이 드러나자, 코치의 딸인 젠과 케이시는 코치 티나를 비난하고, 젠은 회의를 느껴 피겨 스케이팅을 그만두게 된다. 피겨 스케이팅에 모든 시간을 쏟아부으며 훈련하던 케이시는, 하버드는 엄마의 꿈일 뿐이며 자신은 스케이트를 절실하게 타고 싶어 한다는 사실을 깨닫는다. 결국, 하버드 면접에서 본인이 진정 원하는 것은 하버드가 아니라며 스스로 내려놓는다. "이제 내 꿈을 쫓아갈 거야." 엄마에게 한 이 말은, 처음으로 그녀가 자신의 인생을 스스로 선택하고 도약한 순간이었다.

젠은 본선을 포기하고, 케이시는 코치 티나가 자신을 속였음에도 이렇게 절실하게 원한 건 아무것도 없었다며 티나에게 본인을 지도해 주기를 부탁한다. 어느덧 시간이 흘러 힘든 훈련을

• 피겨 스케이팅 싱글 부문은 규정 종목을 연기하는 쇼트프로그램과 자유롭게 자신의 최고 기술을 발휘하는 프리스케이팅의 점수를 합산하여 순위를 정하게 된다.

견디고 참가한 주니어 피겨스케이트 동부 지역 본선 대회장에서 케이시는 관객들의 마음을 사로잡고, 경기장에 절대 오지 않을 것 같던 엄마도 눈물을 훔치며 경기를 바라보게 된다. 하버드를 포기하고 피겨 스케이팅을 선택한 딸에게 엄마는 매우 실망했지만, 결국 진정으로 응원하게 된 것이다. 결과는 2위에 머물지만, 케이시는 진짜 자신을 찾으며 '꿈의 무대'의 주인공으로 빛난다.

영화는 한 소녀가 피겨 스케이팅이라는 새로운 세계에 발을 들이며 자신의 꿈과 가능성을 찾아가는 과정을 담고 있다. 빙판 위에서 넘어지고 다시 일어서기를 반복하면서 그녀는 기술만이 아니라 자신을 믿는 법, 그리고 끝까지 도전하는 힘을 배워 간다.

이 모습은 나의 삶과도 닮아 있다. 교사로서, 연구자로서, 그리고 한 가정의 엄마로서 나는 수없이 새로운 길 위에 서왔다. 때로는 균형을 잃고 흔들리기도 했지만, 다시 일어서며 조금씩 성장하고 있다. 케이시에게 피겨 스케이팅이 단순한 스포츠를 넘어 삶의 무대와 같듯이, 나에게 교단 또한 단순한 직업이 아니라 나 자신을 비추고 단련시키는 공간이 된 것이다.

〈아이스 프린세스〉 속 케이시가 빙판에서 자신만의 길을 찾아가듯, 나 역시 매 순간 선택과 도전 속에서 나의 길을 그려 가고 있다. 케이시를 보며 넘어짐을 두려워하지 않고, 새로운 도전을 멈추지 않는 태도야말로 삶을 더욱 빛나게 만든다는 것을 다시금 깨닫게 된다.

"선생님, 왜 체육 선생님이 됐어요?" 아마도 내가 체육 선생님이 된 후 학생들에게 가장 많이 들은 질문 중 하나일 것이다. 만약 성(性)이 달랐다면 별로 듣지 않았을지도 모르는 이 질문이 나는 싫지 않았다. 여자인데 왜 체육 선생님이 되었는가 하는 학생들의 호기심은 그만큼 체육에 대한 나의 애정을 설명할 기회가 되었기 때문이다.

초등학교 4학년 체육대회 날, 키도 작고 몸무게도 가벼웠던 나는 놋다리밟기 선수로 친구들의 등 위를 날아다녔다. 그전까지 조별 달리기에서 1등도 해보지 못했던 내가 처음으로 청백 계주 선수가 되기도 했다. 이후 나는 체육 시간에 하는 모든 운동을 사랑하게 되었다. 비가 오면 친구들은 체육을 안 한다고 좋아했지만, 나는 어떻게든 수업을 하고 싶어 했다. 고등학교 때 체육 과목 전교 1등을 했을 때는 스스로에게 뿌듯하기도 했다.

담임으로서 학생들을 상담하다 보면 본인이 어떤 사람이 되고 싶은지, 정말 하고 싶은 일은 무엇인지 알지 못하는 학생들이 많다. 나는 '부모님이 원해서', '점수 맞춰서' 대학 진학을 하겠다고 말하는 학생들에게 이렇게 말한다. "점수로 정해진 미래보다는 스스로 선택하는 미래를 사는 게 낫지 않겠니?" 이런 말을 할 수 있는 것은, 나 스스로 진로를 선택했기 때문은 아닐까. 그러한 경험이 학생들에게 해주는 나의 말에 진정성과 확신을 더 해 주고는 한다.

그 선택은 내 삶의 방향을 스스로 결정한 첫 경험이었고, 돌이켜 볼수록 더 소중하게 다가온다. 물론 부모님의 열렬한 지지는 큰 힘이 되었다. 그러나 많은 학생이 그저 성적에 따라, 혹은 부모님의 기대에 이끌려 대학에 진학하고 전공을 결정한다. 그렇게 진정으로 원하는 일이 무엇인지 모른 채 살아간다면, 그 이후의 삶도 여전히 누군가의 기대에 맞추려 애쓰며 흘러갈지 모른다.

꿈을 스스로 선택하고 책임지는 것, 그것이 인생의 주체로서 사는 첫걸음이라고 믿는다. 케이시처럼, 자신이 진심으로 원하는 것이 무엇인지 알아차리는 순간은 누구에게나 찾아올 수 있다. 중요한 것은, 그 마음을 믿고 한 발을 내딛는 용기다. 그 용기가 곧, 진짜 삶을 시작하게 만드는 첫걸음이 될 것이다.

"컴퓨터가 점프해 주지는 않아. 네가 해낸 거야."

●   '악셀'로도 불리는 이 점프는 난이도가 높아 기술 점수 기초점이 가장 높다.

액슬 점프(Axel Jump)를● 성공한 젠에게 케이시가 한 이 이야기
는, 우리 모두에게 해당한다. 누군가 나를 대신해 목표를 정해 주
지도, 그 목표를 향해 뛰어 주지도 않는다. 진짜 나의 꿈은 내가
스스로 선택하고 도약할 때 비로소 시작된다. 중심을 잡고, 두
발을 믿고 내가 선택한 방향으로 도약하는 순간, 비록 완벽하지
않더라도 그 점프야말로 가장 값지고 의미 있는 첫걸음이 될 것
이다.

얼음 위가 미끄럽고 두렵게 느껴질 수 있다. 하지만 넘어질까
봐 멈춘다면, 우리는 결코 나아갈 수 없다. 어떤 사람에게도 '감
히'라는 말은 어울리지 않는다.

주연도 조연도 아닌
자신을 위해 달린다

페이스메이커

"잃어버린 나의
12.195km를 향해"

<페이스메이커>(2012)의 주인공인 만호는 페이스메이커다. '페이스메이커'는 마라톤이나 수영 등 스포츠 경기에서 우승 후보의 기록을 단축하기 위해 전략적으로 투입된 선수를 일컫는다. 즉, 타인의 승리를 위해 옆에서 보조를 맞추는 선수로 정작 본인은 어떠한 업적도 이룰 수 없다. 주인공 만호는 달리기를 빼면 다른 것은 없다고 할 정도로 그 누구보다 달리기를 좋아했지만, 정작 자신을 위해서는 뛸 수 없는 페이스메이커였다.

만호는 친구가 운영하는 치킨 가게에서 배달을 하며 생계를 꾸렸다. 이런 만호에게는 세상에 둘도 없는 동생이 있다. 부모를 여의고 할머니 손에서 함께 자란 동생은 만호가 달리는 이유이자 삶의 원동력이었다. 사랑하는 동생을 공부시키기 위해 달리는 만호는 동생을 위해 살고 있다고 해도 과언이 아니지만, 동생은 그런 형이 내키지 않았다. 아마 형에게 기대어 지낸 날들에 대한 고마움과 미안함, 부끄러운 감정이 뒤섞여 있기 때문일 것이다.

어느 날, 만호는 국가대표 감독인 은사님으로부터 페이스메이커로 뛰어 달라는 제안을 받는다. 올림픽 입상이 기대되는 신예 스타의 기록 향상을 거들라는 것이었다. 신예 스타는 경기 중 감정의 기복으로 인해 마라톤에서 중요하게 여겨지는 30km 구간까지의 기록이 들쑥날쑥했고, 감독은 그런 선수에게 가장 필요한 존재로 만호를 지목했다. 만호는 생계에 도움이 되는 이

제안을 복잡한 심경으로 받아들이지만, 동생은 그런 형이 탐탁지 않았다. 먹을 것이 없던 어린 시절에 낡아빠진 신발이 벗겨져도 끝까지 달려 상품으로 라면을 받아온 든든한 형이 겨우 들러리를 서야 한다는 속상함과 안타까움이 아닐까. 하지만 만호는 생활고와 꿈의 무대인 올림픽에 참가할 수 있다는 생각만으로 그 제안을 받아들인다.

만호는 국가대표 선수촌에서 생활을 시작한다. 늦은 나이에 입촌한 만호는 주변의 따가운 눈총과 노골적인 따돌림을 받았다. 속사정도 모른 채 만호가 특혜를 입었다고 생각한 것 같다. 사실 만호는 오른쪽 다리의 고질적인 '피로 골절'● 때문에 30km 지점이 넘어가면 심한 통증이 나타났고, 제대로 뛰기가 어려웠다. 그럼에도 만호는 꿋꿋이 자신의 역할에 맞춘 훈련을 받았다.

올림픽에서 페이스메이커를 하려면 만호 역시 국가대표로 선발되어야 했다. 만호는 연맹에서 주최하는 대회에 나갔고, 좋은 기록을 내야 했다. 그런데 연맹의 지시로 신예 스타의 페이스메이커 역할을 일시적으로 맡은 후배가 경기 도중에 돌발 행동을 벌였다. 이 때문에 도중에 갑작스럽게 페이스메이커 역을 떠안게

<hr>

● 　반복되는 심한 훈련 등에 의해 발생하며 뼈가 완전히 부러지지 않은 골절을 의미한다.

된 만호는 페이스 조절에 실패하고, 30km 지점에서 경기를 접고 만다. 이를 두고 감정이 격해지며 설왕설래하는 과정에서 자신의 다리 상태를 알게 된 만호는, 페이스메이커로서 30km를 달리면 감독이 왜 그토록 그만 뛰게 했는지 이유를 알게 된다.

자신만의 마라톤을 하고 싶은 만호는 선수촌에서 나와 절친에게 도움을 요청하고, 마지막일지도 모르는 대회를 준비한다. 형이 자신만의 레이스를 하길 내심 바라던 동생은 안쓰러운 마음으로 먼발치서 이를 지켜보았다. 한편, 30km까지 페이스를 유지시키던 만호가 빠지자, 국가대표 에이스의 기록도 흔들린다.

맹연습을 하던 중 선수촌에서 서로 도움을 주고받은 장대높이뛰기 국가대표가 찾아온다. 서로는 속마음을 터놓고, 만호는 자기만의 레이스에 충실하기로 마음을 다잡았다. 드디어 대회가 시작되고, 열심히 준비한 만호는 좋은 페이스로 달리기 시작했다. 하지만 30km 지점에서 고질적인 다리 통증이 도져 결국 중도에 포기하고 만다. 금메달 기대주를 위한 페이스메이커가 꼭 필요했던 대표팀은 만호의 기록을 보고 그가 꼭 필요한 존재라고 판단한다. 대표팀의 끈질긴 실득과 어려운 금전 문제를 해결하고자 만호는 선수촌으로 복귀한다. 대표팀은 만호의 발에 맞는 운동화를 제작해서 신게 하고, 만반의 전략을 짠다.

드디어 올림픽 마라톤 경기가 시작된다. 만호는 노련하게 페이스 조절을 하며 중간중간 본능적으로 튀어 나가려는 기대주를 조절했다. 또 다른 페이스메이커도 감독의 전술대로 할 일을 다 했다. 만호 역시 30km 지점까지 해야 할 역할을 완벽히 수행하고 대회를 마무리하고자 뒤를 돌아보았다. 그 순간, 형의 경기를 몰래 지켜보던 동생이 우산을 펼쳤다. 어릴 때 형제가 약속했던 그 신호였다. '빠르게 달려!' 이제부터는 그 누구도 아닌 형만을 위해 달리라는 마음이 가슴 깊숙이 고스란히 전해졌다. 이제부터는 잃어버린 12.195km를 달리자! 만호는 경련으로 뒤틀리는 다리를 찔러 가며 끝까지 달렸다.

세상을 살다 보면 하고 싶은 일과 이루고 싶은 꿈을 개인사나 가족사로 인해 접어야 할 때가 있다. 만호에게는 마라톤을 완주할 수 없는 고질병이 있었다. 그래서 페이스메이커가 아니고서는 달리기를 이어 갈 수 없는 처지였다. 게다가 선수 생활을 하지 않으면 동생을 뒷바라지할 수도 없으니, 그야말로 이러지도 저러지도 못하는 상황이었다. 하지만 마지막 순간, 동생이 펼친 추억의 우산은 그 모든 걸림돌을 뛰어넘을 수 있는 힘이 되었다.

우리는 살면서 무언가를 하다 장벽에 부딪히면 대부분 그 한계를 극복하려고 애쓴다. 그러나 어떤 이는 포기하거나 안주하기도 한다. 하지만 영화 〈페이스메이커〉처럼, 어느 순간의 작은 말 한마디나 행동이 의지를 다시 점화하는 기적 같은 계기가 되기도 한다.

이 영화를 보면서 2016년 리우 올림픽이 떠올랐다. 펜싱 결승전에서 박상영 선수는 응원석 어딘가에서 들려온 "할 수 있다!"라는 외침을 듣는다. 뒤지고 있던 그는 마치 홀린 듯이 그 말을 되뇌며 열세를 뒤집었다. 그 장면은 전 세계적으로 놀라움과 감탄을 불러일으켰고, 우리 국민들에게도 깊은 감동을 전해 주었다. 작은 말 한마디, 긍정적인 행동이 만들어 낸 만호의 기적 같은 순간은 박상영 선수의 이야기와도 닮아 있다고 느꼈다.

이 영화는 '교사의 말이 지닌 무게감'을 다시금 돌아보게 한다. 체육 수업이나 엘리트 선수 대회에서 학생 선수가 "저는 안 돼요", "못 해요", "질 것 같아요"라고 자조 섞인 말을 한다면, 교사나 감독은 어떤 피드백을 해야 할까. 교사로서 나의 작은 언행이 학생과 선수에게 얼마나 큰 영향을 미칠지 생각하게 된다. 나 역시 체육 교사이자 운동부 감독으로서 다짐해 본다. 앞으로는 영화의 마지막에 흐르는 주제곡 가사처럼, 더 멋진 내일을 위해 노력하는 학생들을 이렇게 응원해 주고 싶다.

"절대 포기하지 마라(Never ever give up)!"
"너희는 다 할 수 있다!"

천국의 풍경에서 펼쳐지는
지옥의 레이스

뚜르 드 프랑스

"자전거를 타는 건 삶을
살아가는 것과 같아. 페달을
밟아야만 앞으로 나아갈
수 있어."

어린 시절을 떠올리며 미소 짓게 되는 장면 중 하나는 자전거를 배우던 시절이다. 흙먼지가 날리는 골목길에서 아버지는 내 등을 살짝 밀어주었고, 나는 나를 향해 두 팔을 벌리고 서 있는 엄마를 향해 조심스럽게 페달을 밟았다. 몇 번이나 넘어지고 손바닥에는 자잘한 상처가 생겼지만, 그때마다 포기하지 않고 다시 일어난 것은 내가 이 자전거를 배워 누군가를 이기겠다거나 이것에 성공함으로써 부모님을 기쁘게 해드리겠다는 그런 거창한 목표가 아니었다. 그저 페달을 밟으며 앞으로 나아갈 때의 자유로움, 바람을 가르며 달리는 짜릿한 기분. 그리고 무엇보다 '나는 할 수 있다.'라는 자신감, 아마 내 힘으로 무언가를 '해냈다'라는 그 뿌듯함 아니었을까. 두발자전거를 타고 쌩쌩 달리던 그 순간만큼은 마치 영화 속 주인공처럼 내가 어마어마하게 멋진 사람 같았으니까.

우리는 모두 어릴 때 한 번쯤은 가슴속 깊이 간직한 꿈이 있다. 누군가는 파일럿이, 누군가는 우주비행사가, 또 누군가는 뚜르드 프랑스(le Tour de France)의 챔피언이 되기를 꿈꾸었다. 하지만 시간이 지나고 눈앞의 현실을 살아내면서 우리의 꿈들은 점점 뒤로 밀려났다. 어쩌면 어른이 된다는 것은 꿈을 잃어버리는 과정일지도 모르겠다. 정말로 그 꿈들은 사라진 걸까? 아니, 그것은 우리가 다시 페달을 밟아보지 않았기 때문일지도 모른다. 〈뚜르 드 프랑스: 기적의 레이스 La grande boucle〉(2014)

는 바로 그 잊고 있던 꿈을 다시 깨우는 이야기다. 어린 시절 가슴속에 품었던 순수한 열정, 끝없는 도전, 그리고 자신과의 싸움. 이 영화는 우리가 다시 페달을 밟도록 용기를 선물한다.

프랑수아는 프랑스의 어느 자전거 가게에서 일하는 직원이다. 그는 프로 선수들의 자전거를 수리하며 살아가는 평범한 중년 남성이지만, 어린 시절부터 자전거를 좋아했고 한때는 직접 '뚜르 드 프랑스'에 출전하는 꿈도 꾸었던 지독한 자전거 사랑꾼이다. 비록 이제는 그 꿈이 그저 텔레비전 속에서나 바라볼 수 있는 것이 되어버렸지만 그래도 텔레비전을 보는 눈빛만큼은 어린 시절처럼 순수하게 반짝인다.

대회가 열리기 전, 개최를 축하하고 선수들의 출사표를 던지는 리셉션에서 프랑수아가 대회 차량을 운전한다는 사실이 알려지자, 대회 기간에 함께 휴가를 떠나기로 약속했던 아내와 아들은 그에게 크게 실망하여 그를 두고 차갑게 떠난다. 눈앞에서 떠나가는 가족을 보고 급하게 따라가지만, 설상가상으로 대회 우승 후보인 토니의 부적 '탕카'를 박살 내버린다. 이 일로 프랑수아는 회사에서 해고된다.

하루아침에 일도 가족도 잃게 된 프랑수아. 속상한 마음에 술로 밤을 지새우고 반은 술에 취한 채로 해롱해롱 자전거 페달을 밟을 뿐이다. 한참을 휘청거리다가 문득 고개를 들어보니 자신이 서 있는 곳은 '뚜르 드 프랑스' 준비에 한창인 경기장이다. 시작점부터 도착점까지 친절하게 안내된 지도가 자꾸만 말을 거는 것 같다. 프랑수아는 홀린 듯 지도를 쓰다듬고 근처 자전거 가게로 향한다.

눈앞의 현실만큼이나 답답한 양복을 벗고 보랏빛의 저지를[*] 입고 나오는 장면은 많은 것이 달라졌다는 것을 은연중에 알려 준다. 프랑수아는 자신을 떠난 가족도, 자신을 버린 회사도 원망하지 않는다. 지금은 어린 시절부터 자신의 여름이었던 '뚜르 드 프랑스'가 눈앞에 있고, 머리와 마음까지 온통 그것으로 가득 차 있을 뿐이다. 그는 그렇게 '뚜르 드 프랑스'에 참가하는 선수가 된다.

'뚜르 드 프랑스'는 매년 7월 프랑스 전역과 인근 유럽 국가를 포함하여 3,500km에 달하는 거리를 약 3주간 경쟁하는 사이클 대회로, 세계에서 가장 권위 있는 사이클 대회이자 지구상에서 가장 혹독한 스포츠 이벤트 중 하나로 꼽힌다. 세계 최고의 프로 사이클 선수들이 참가하여 하루에 한 개의 스테이지, 총 21

---

[*] 저지(Jersey)는 영국 저지섬에서 만든 양모 천을 가리키는 말로, '저지' 방식으로 만든 편물 또는 이를 소재로 만든 의류를 칭한다. 스포츠맨들의 유니폼으로 이용되고, 최근에는 '운동복 상의'를 가리키는 의미로도 쓰인다.

개의 스테이지를 달리게 된다. 21개의 스테이지 동안 다양한 코스를 통과하며 선수들은 각각의 구간에서 스프린트, 등반, 타임 트라이얼 등 여러 경쟁 요소를 경험한다.

1903년부터 시작되어 100년이 넘는 전통을 자랑하는 이 대회는 단순한 스포츠 경기가 아닌 프랑스의 역사와 문화, 유럽 사이클링 전통을 대표하는 행사이며, 매년 수천만 명의 사람들이 직접 도로에서 경기를 관람하고 전 세계 수억 명이 텔레비전으로 시청한다. 유럽 한복판에서 펼쳐지는 만큼 파란빛으로 가득한 산과 바다의 천국 같은 풍경이 시청자들에게는 더할 나위 없는 즐거움이지만 막상 참가하는 선수들에게는 매일, 매 순간이 자신의 한계를 시험하는 관문일 정도로 지옥 같은 레이스일 것이다.

물론 이렇게 역사와 전통을 자랑하는 권위 있는 대회에 프랑수아가 정식 선수일 리는 만무하다. 그는 정식 대회에 앞서 프로 선수들보다 하루 먼저 출발해서 그들의 코스를 미리 경험하며 완주하는 것을 목표로 삼는다. 누구도 시도하지 않은 모험이고, 하라고 등 떠민 사람도 없고, 현실적으로도 불가능해 보이지만, 어쨌든 그는 자신만의 도전을 시작한다. 비록 낡은 자전거와 간단한 짐이지만 그는 스스로에게 말한다. "이건 내 인생에서 가장 멋진 레이스가 될 거야."

그러나 그의 도전은 시작부터 쉽지 않다. 험난한 산악 코스를 지나면서 체력이 급격히 소진되고, 날씨는 계속해서 변덕을 부린다. 예상치 못한 비바람이 몰아치고, 그는 여러 번 넘어진다. 낡은 자전거는 바퀴를 고치면 체인이 말썽이고, 가족은 여전히 그의 전화를 받지 않는다. 아스팔트 위에 넘어진 채 숨을 몰아쉬며 그는 스스로에게 질문한다. "생각한 것보다 훨씬 힘들잖아. 정말 끝까지 할 수 있을까?"

체인이 빠진 자전거를 끌고 터덜터덜 걸어가는 그의 앞에 한 네덜란드 가족이 나타난다. 응원하는 선수가 불의의 사고를 당해 대회 초반 탈락한 그들은 이제 프랑수아를 돕는다. 고장 난 자전거를 고쳐주고 지칠 대로 지친 프랑수아의 마음도 보듬어 준다. 대회 전 리셉션에서 만난 플레탕스는 매니저를 자청한다. 이들의 응원을 업고 프랑수아는 다시 페달을 밟는다. 매니저가 그의 독특한 레이스를 언론사에 홍보한 덕에 자전거를 타는 프랑수아의 곁에는 함께하는 기자들이 늘어난다. 그들은 하나같이 이런 별난 레이스를 하는 이유가 뭐냐고 묻고 프랑수아는 당연하다는 듯 대답한다. "어릴 적 꿈이거든요."

방송을 통해 프랑수아의 이야기가 퍼지고, 그를 응원하는 사람들이 하나, 둘 늘어난다. 밋밋한 보라색 저지 대신 스폰서의 광고를 붙인 새하얀 저지를 입은 프랑수아가 도로를 달리고 그 뒤로 〈록키 Rocky〉(1976)의 주제곡으로 유명한 '이제 날아갈 거야(Gonna Fly Now)'가 흘러나온다. 도전과 승리를 상징하는 강렬한 트럼펫과 브라스 연주가 영화의 분위기를 고조시키며 새로운 국면에 접어든다. 프랑수아가 가는 곳마다 많은 사람이 그와 함께 달리며 도전을 응원한다. 그러나 위기는 계속 찾아온다. 험난한 산길을 달리며 더 이상 달리지 못하겠다는 생각이 들 때 또 응원군이 나타나고 그럴 때마다 프랑수아는 그들의 응원 덕에 힘을 낸다. 오르막길도 산길도 양 떼도 이제 그를 막지 못한다.

하루가 다르게 프랑수아의 인기가 커지고 스폰서도 점점 늘어난다. 언론에서도 점점 그를 주목하고, 프로 선수들의 경기만큼이나 이슈가 된다. 그러나 그 어떤 사람도 모두에게 사랑받을 수는 없는 법. 대회의 유력한 우승 후보인 토니는 프랑수아가 자신의 탕카를 부수고, 대회에서 자신보다 주목받는 것을 불쾌해한다. 결국 참지 못하고 21일의 레이스 중 단 이틀뿐인 휴식일에 팀 대결을 제안하며 도발하고 프랑수아는 마지못해 승낙한다. 하지만 레이스 중 아내에게 전화가 걸려 오고 아무리 중요한 레이스 중이어도 이 전화는 꼭 받아야겠기에 받은 통화에서 아들이 가출했다는 소식을 접한다.

프랑수아는 고민도 하지 않고 레이스를 벗어나 아들이 좋아하는 래퍼의 공연장으로 향한다. 그곳에서 아들을 찾고 사이클의 열혈 팬인 가수 덕에 순식간에 멋진 아빠가 된다. 그렇게 가정의 평화가 찾아오나 싶었는데, 레이스를 벗어난 것을 괘씸하게 여긴 매니저의 모략으로 많은 기자 앞에서 약물 복용을 의심받게 된다. 순수한 스포츠 정신으로 많은 이에게 희망을 주었던 프랑수아는 순식간에 다시 보라색 저지를 입은 초라한 비공식 선수로 돌아간다. 하지만 프랑수아는 거기서도 포기하지 않는다. 남은 레이스를 마치기 위해 다시 페달을 밟는다.

날은 덥고 체력은 고갈되고 약물 혐의로 모두가 그를 비난하지만, 그는 멈추지 않는다. 대회는 어느덧 막바지로 치닫고, 아무리 달려도 개선문은 보이지 않는다. 그래도 보일 때까지 달리고, 달리고, 또 달린다. 그러다 그만 쓰러지고 만다. 38시간의 수면 끝에 깨어난 그의 눈앞에는 사랑하는 가족과 그를 응원하는 네덜란드 가족이 있다. 병원에 입원한 덕에 약물 복용 혐의도 벗는다. 이미 대회의 마지막 날이라 선수들보다 하루 전에 레이스를 해야 한다는 자신만의 규칙은 깨지지만, 프랑수아는 포기하지 않고 경기장으로 향한다.

마침내 그는 마지막 스테이지인 샹젤리제에 도착한다. 거기에는 그를 응원하는 수많은 사람이 기다리고 있다. 그는 마지막 남은 힘을 짜내 페달을 밟고 마침내 토니를 비롯한 선수들의 도움으로 결승선을 통과한다. 사람들은 그의 이름을 연호한다. 그 순간 그는 깨닫는다. "승리는 기록이 아니라, 포기하지 않는 마음속에 있다." 그는 단순히 '뚜르 드 프랑스'를 완주한 것이 아니다. 그는 자신을 이겼고, 한때 포기한 꿈을 다시 손에 넣었다. 그것은 포기한 꿈을 다시 붙잡고 한계를 넘어서는 여정이다.

우리는 살아가면서 수많은 이유로 꿈을 미루고, 때로는 포기하기도 한다. 어릴 적 간직했던 순수한 열정은 점점 희미해지고 현실이라는 무게는 우리를 주저앉게 만든다. 하지만 꿈이란 단순히 빠르게 도착하는 것이 아니라, 끝까지 포기하지 않고 나아가는 과정 자체에 의미가 있다는 것을 프랑수아는 보여준다.

그는 실패하고, 넘어지고, 모든 것이 불가능해 보이는 순간에도 페달을 밟기를 멈추지 않는다. 처음에는 자신도 확신하지 못하지만 한 걸음씩 나아갈수록 그는 더 강해진다. 주변의 조롱 속에서도 프로 선수가 아니라는 이유로 무시를 당하면서도 그는 자신의 길을 선택한다. 그리고 점점 그의 도전은 사람들에게 감동을 주기 시작한다. 처음에는 혼자인 그의 레이스에 하나둘씩 동행하는 사람들이 생기고, 마을 곳곳에서 그의 이름을 외치는 응원 소리가 들리기 시작한다.

이것저것 아무 일도 풀리지 않지만, 용기 있게 도전하는 프랑수아를 보면서 영화 〈브레이킹 어웨이〉(1979)의 데이브가 떠올랐다. 이탈리아 사이클팀을 동경하고, 심지어 자신을 이탈리아인이라 믿을 정도로 정체성 혼란에 빠져있는 데이브. 결국 이탈리아 팀에게 속고 상처받지만, 그것이 오히려 자신을 진짜로 마주하는 계기가 된다. '리틀 500'에서● 다리를 다친 채, 페달을 다시 밟으며 외치는, "나는 할 수 없어!(I can't!)"라는 외침은, 단순한 좌절이 아니라 진정한 성장의 시작처럼 느껴진다. 그는 넘어져도 괜찮다고, 중요한 건 다시 일어나는 거라며 진짜 자기 모습을 찾아간다. 데이브에게 자전거는 계급의 벽을 넘어 자아를 찾는 수단이고, 프랑수아에게는 실패한 인생을 되돌리는 여정의 수단이 된다. 두 영화는 모두 자전거를 통해 말한다. 삶은 계속 넘어짐의 반복이지만, 중요한 건 다시 한 바퀴를 더 굴리는 용기라는 것을.

우리가 어릴 때 꿈꾸던 것들은 절대 사소한 것이 아니다. 그러나 세상을 살다 보면 때때로 자신을 의심하게 되고, 도전할 용기를 잃기도 한다. 하지만 포기하지 않는다면, 그리고 한 걸음씩 나아간다면, 꿈은 다시 손에 닿을 수 있다. 프랑수아가 보여주듯이 실패해도 괜찮다. 중요한 것은 나시 일어나 달릴 수 있

● '리틀 파이브'로도 불리는 'Little 500'은 매년 4월에 인디애나 대학교 캠퍼스에서 열리는 트랙 사이클링 레이스다.

는 용기, 그리고 멈추지 않는 의지다.

어릴 적 처음 자전거를 배우던 날, 넘어지고 무릎이 까져도 다시 일어나 페달을 밟던 그 순간. 두려움보다 설렘이 컸고, 넘어진 아픔보다 앞으로 나아가는 기쁨이 더 컸던 그때처럼 우리 인생도 그렇게 흘러간다. 멈추는 순간이 있어도, 주저앉고 싶을 때가 있어도, 다시 한번 용기를 내어 페달을 밟아 나간다. "지금, 당신은 어떤 꿈을 향해 달리고 있는가?"라고 묻는 프랑수아의 물음에 쉽게 답할 수 없더라도 괜찮다. 중요한 건 꿈의 크기가 아니라, 그것을 향해 나아가려는 마음이니까. 방향이 흔들릴 수도 있고 속도가 느려질 수도 있지만, 그저 자신만의 길을 가는 것이다. 그리고 우리는 결국 알게 될 것이다. 포기하지 않고 달려온 나의 모든 시간이 절대 헛되지 않음을.

열정으로 타오른
레이싱의 전설
포드 v 페라리

"세상에서 가장 중요한
질문, 넌 누구인가?"

실화가 바탕인 〈포드 v 페라리 Ford v Ferrari〉(2019)는 '르망 24시(24 Hours of Le Mans)'라는• 세계적인 자동차 레이싱 대회에서 우승한 셸비를 소개하며 시작한다. 그는 유일한 미국인 우승자였지만, 환희는 오래가지 못했다. 셸비는 건강 이상으로 더는 출전이 어렵다는 청천벽력 같은 진단을 받는다. 그는 선수 생활을 접고 자동차를 판매하며 살아가는데, 다행히 르망 24시 우승자라는 유명세는 세일즈 실적으로 이어진다.

정비소를 운영하는 마일스는 뛰어난 정비사이자 레이싱계의 실력파 '파일럿'으로•• 유명하다. 르망 24시는 아니지만 비슷한 권위의 유명한 대회에서 이미 다수의 우승 경험이 있었다. 그러나 정비소를 찾아온 고객과도 논쟁을 일삼을 정도로 본인의 주관이 매우 강하고 직설적인 성격이었다. 인간관계는 늘 매끄럽지 못했다. 영화는 이처럼 닮은 듯 다른 두 인물을 소개하며 본격적인 이야기를 전개한다.

1990년대, 지금은 이름이 없어진 대우자동차에 '르망'이라는 자동차가 있었다. 어릴 때는 그 이름의 의미를 몰랐지만, 이 영

• 르망 24는 프랑스의 '사르트 서킷(Circuit de la Sarthe)'에서 매년 열리는 세계적인 자동차 경기다.

•• 파일럿은 레이싱에서 레이서를 이르는 말이다.

화를 보며 그 유래를 알게 되었다. 자동차 레이싱이라는 스포츠는 지금도 한국에서는 낯설지만, 영화의 배경이 되는 1960~70년대 유럽과 미국에서는 이미 대중적인 인기를 누리던 스포츠였다. 그중 가장 권위 있는 대회가 1923년부터 지금까지 이어져 오고 있는, 프랑스의 작은 도시 르망에서 열리는 르망 24시였다.

영화의 배경은 산업화에 성공한 미국의 '포드'라는 회사가 '쉐보레'에 밀려 위기를 맞던 시기다. 이 위기를 타개하기 위해 포드는 세계 최고의 권위를 자랑하는 르망 24시에서 우승하는 프로젝트를 기획하고, 핵심 인물로 셸비와 마일스를 영입한다. 당시 르망 24시를 지배하던 팀은 5년간의 대회에서 4회 우승을 차지한 이탈리아의 페라리 팀이었다. 포드는 막강한 경쟁자인 페라리 팀과의 싸움뿐 아니라, 회사 내부의 다양한 갈등도 극복해야 했다. 스토리는 단순해 보이지만, 영화 안에서 다양한 메시지를 찾을 수 있다.

쉐보레와의 경쟁에서 뒤진 포드는 존폐 기로에 서게 된다. 포드는 혁신을 통해 반등을 꾀했고, 그 전략으로 자동차 레이싱 대회 가운데 가장 명성이 높은 르망 24시에서 우승하여 회사의 이미지를 쇄신하고자 했다. 지금은 차 한 대당 드라이버 세 명이 배정되어 24시간 안에 최대한 많은 '랩(lap)'을● 주파한 차량이 우승하지만, 영화의 배경 당시에는 차 한 대에 두 명의 드라이버가 정해진 랩의 주행을 가장 먼저 마치고 결승선을 통과하면 우승하던 시절이었다. 이렇다 보니 드라이버는 운전실력, 체력, 집중력, 정신력을, 자동차는 스피드와 내구력을 갖추어야 했다. 정비팀의 일사불란한 팀워크도 절대적으로 필요했다.

이 같은 극한의 조건을 극복하고 우승하는 것은 선수 개인의 명예는 물론, 제조사에도 엄청난 광고 효과를 안겨 줬다. 24시간 동안 빠르게 달려도 문제가 없는 차량이라는 이미지는 강력한 브랜드 신뢰로 이어졌다. 당대의 유명인들이 이 대회에서 우승한 브랜드의 차를 소유하려고 하면서 광고 효과는 극대화됐다. 실제로 포르쉐, 재규어, 벤틀리, 페라리, 부가티 같은 브랜드는 이때 얻은 명성을 지금까지도 잇고 있다.

영화의 제목만 보면 포드와 페라리의 치열한 대결이 중심일 것 같지만, 실제로 영화는 포드 팀 내부의 갈등과 해결 과정을 중심으로 흘러간다. 당시의 페라리는 직전 대회 5년 동안 4회 우승을 차지한 독보적인 팀이어서, 나른 팀에게는 우승을 위해 '반드시 넘어야 할 큰 산'으로 비쳤다. 포드가 대량 생산을 지향

●　　　랩은 트랙의 한 바퀴를 뜻한다.

하며 효율성을 강조하는 대형 회사라면, 페라리는 한 대의 차를 소수의 제작자가 처음부터 끝까지 거의 수작업으로 만드는 장인 정신의 집약체라 할 수 있었다. 양극단의 상반된 철학으로 다른 길을 걷는 회사 간의 이야기인 것이다.

르망 24시에서 우승한 경험이 절실히 필요했던 포드는 셸비를 팀장으로 스카우트했고, 셸비는 마일스를 최적의 파일럿으로 추천했다. 실력은 최고지만 성격이 까다로운 그를 합류시키기 위해 셸비는 많은 노력을 감내했다. 마일스는 정비소를 직접 운영할 만큼 차량에 대한 전문성이 뛰어난 점도 팀에 도움이 될 것으로 판단했다. 포드는 그동안 양산형 차만 만들었으므로 레이싱 카를 새로 개발해야 했는데, 이 개발에 마일스의 능력이 큰 힘이 되리라 본 것이다.

한 팀으로 석 달간 시행착오를 거치며 차량의 제작과 개조, 시운전을 거듭했다. 그러나 1965년 르망 24시 대회 직전에 경영진은 마일스의 불같은 성격과 예측 불가능한 언행이 회사의 이미지와 맞지 않는다는 이유로 그를 참가 명단에서 제외한다. 일방적 결정이었다. 셸비와 마일스는 이 결정에 큰 실망과 분노를 느낀다. 이 선택으로 포드는 뼈아픈 결과를 받아들여야만 했다. 마일스 없이 출전한 대회에서 포드 팀은 완주조차 하지 못하고 경기를 마무리했다. 포드의 사장인 헨리 포드 2세는 거액을 투자했음에도 실패로 끝난 이 대회에 깊은 분노를 표출했다.

팀 내부는 혼란에 빠졌다. 현장 경험이 없고 권위적이지만 권위가 없는 회사의 후계자 사장. 자신의 이득만 생각하고 사원을 인격적으로 대할 줄 모르는 부사장. 사장과 부사장 사이에서 마일스를 컨트롤해야 하는 딜레마에 빠진 팀장 셀비. 자기 분야에 대한 확고한 신념으로 타협이 거의 불가능한 파일럿 마일스. 이들은 결국 서로에게 목소리를 높인다. 사공이 많으면 배가 산으로 간다는 말처럼, 각자 자기 방식만 고수하며 실패의 원인을 서로에게 돌리는 이들 때문에 팀의 갈등은 갈수록 고조된다.

한 팀이 되기 위해 어떤 과정이 필요한지 반면교사 삼을 수 있는 장면이다. 한 팀이 된다는 것은 서로의 의견을 경청하고 자신의 주장을 조금씩 양보할 때 가능하다. 자신의 결정이 옳다는 확신이 있어도 다른 팀원의 이야기에 귀 기울여야 할 때가 있다. 스포츠에는 팀 간 경쟁하는 종목이 많다. 팀 안에는 여러 선수의 개성과 능력을 잘 조화시킬 수 있는 구심점이 필요하다. 한 팀으로서 목표와 방향, 속도, 방법을 합의하지 못하면 사분오열되기 쉽다. 스포츠 경기에서 상대가 상해서 지기보다 팀 스스로 자멸하는 경우를 어렵지 않게 보는 것은 이런 이유 때문이다.

팀의 소방수로 나선 것은 셸비였다. 셸비는 팀의 분위기를 정비하려 애쓰며, 실패를 성공의 발판으로 삼고자 했다. 지난 대회 결과는 엉망이었지만, 그 가운데 긍정적인 점을 찾아 팀원들과 공유했다. 르망 24시 서킷에는 뮬산 구간이라는 직진 코스가 있었는데, 각 팀이 최고 속력을 뽐내며 달리는 구간이었다. 셸비는 이 구간에서 포드가 페라리보다 더 높은 속도를 냈다는 사실에 주목했다. 그는 페라리도 이 사실을 알고 우리에게 위협을 느꼈을 거라고, 이번 경험을 토대로 다음에는 더 좋은 결과를 낼 수 있다고 팀원들을 설득하기 시작했다. 그러면서 셸비는 사장에게 국내(미국) 대회에서 마일스가 우승하면 그를 르망 24시에 참가시키자고 제안했다. 마일스는 보란 듯이 그 대회에서 우승을 따냈다.

마일스는 르망 24시 레이스를 준비하는 과정에서 아들에게 이렇게 말한다. "차엔 다정해야 해. 신음하는 그 딱한 녀석을 느껴야 해. 기계를 한계까지 밀어붙이면서도, 그 한계가 어딘지를 알아야 해." 기계를 단순한 도구가 아닌 살아 있는 생명처럼 다루는 마일스의 감수성은 그가 겸비한 실력의 근원을 짐작하게 한다. 기수가 자신이 탈 말을 살피고 대화하듯, 그는 자기 감각을 총동원해서 자동차와 함께 호흡하고 대화하는 파일럿이었다.

드디어 1966년 르망 24시에 참가하게 된 마일스. 온갖 예상치 못한 일들이 연달아 일어나고 야간에 비가 내려 시야를 방해했지만, 그는 흔들리지 않았다. 차량 이상으로 인한 초반의 열세를 뒤집고 중반을 지나면서 압도적인 레이싱을 펼쳤다. 그렇게 결승선 통과를 얼마 앞두고 정비를 받고자 차량이 피트인(pit-in)했을 때, 회사는 마일스에게 2위와 3위로 따라오는 포드 차량과 동시에 결승선을 통과해 달라고 요구했다. 타협을 모르는 옹고집의 성격인 그였지만 여러 생각 끝에 이를 받아들였고, 한참을 기다렸다가 다른 두 대와 함께 나란히 결승선을 통과했다. 그런데 결과는 2위로 집계된다. 출발할 때 마일스의 출발선이 앞서 있었기 때문이었다. 다른 파일럿이 우승자로서 포드 사의 이미지를 높이는 게 더 낫다고 판단한 경영진의 속셈에 걸려든 것이었다. 억울할 일이지만 마일스는 문제 삼지 않았다. 실력으로 자신의 가치를 증명한 것에 만족했다. 의연한 마일스에게 포드의 라이벌팀 회장 엔초 페라리(Enzo Ferrari)는 모자를 벗고 고개를 숙인다. 진정한 존경의 의미였다.

"7,000rpm. 바로 거기서 만나는 거야. 네게 다가오는 느낌이나. 귀에 바짝 붙어서 질문 하나를 던지지. 세상에서 가장 중요한 질문. 넌 누구인가?" 영화의 시작을 여는 셸비의 이 대사는 영화의 마지막에 마일스의 목소리로 다시 한번 고백된다. 수미상관! 중심 문장을 작품의 처음과 마지막에 배치하여 주제 의식을 강조하고 독자에게 여운을 남기는 문학적 기교라 할 수 있다. 이 대사에서 중요한 두 개의 키워드는 '7,000rpm'과 '나는 누구인가'이다. 즉 한계에 도달하는 7,000rpm이 됐을 때 비로소 '나는 누구인가'라는 정체성에 대한 성찰이 시작된다는 것이다. 사회학자인 한나 아렌트는 성찰을 '나 자신과의 끊임없는 대화'라고 정의한다. 내가 한계에 도달할 때, 나 자신과 진정한 대화가 시작된다. 그곳에서 멈출 것인가, 방향을 틀 것인가, 계속 나아갈 것인가라는 실존적 고민을 하면서 말이다.

이 질문은 당시 포드에게도 던져졌다. 쉐보레의 임팔라에 영혼까지 털렸다는 영화 속 포드 경영진의 대사처럼, 회사의 존폐 위기에 처한 그들에게도 질문이 던져졌다. 우리는 어떤 회사인가? 대량 생산의 가성비 높은 브랜드로 남을 것인가? 이대로 얼마나 회사의 존속이 가능한가? 그들은 브랜드의 존재 이유를 묻고, 한계를 넘어선 실천으로 스스로를 증명했다. 레이싱 세계에 도전장을 내밀며 새로운 길을 찾았다.

영화를 통해 셸비와 마일스는 우리에게 묻는다. 당신은 7,000rpm이라는 지점까지 자신을 몰아붙여 본 적이 있는가? 거기서 자신과 어떤 대화를 했는가? 당신의 대답은 무엇이었는가? 당신은 누구인가?

운명처럼 전설의 명마를
만난 안목과 결단

세크리테리엇

"앞에 놓인 길을 달리는
것이 중요해! 달려 보기 전엔
얼마나 갈 수 있을지
모르니까."

중국 춘추전국시대, 말(馬)을 가장 잘 알아보는 인물로 백락(伯樂)이 있었다. 그의 감별 능력은 탁월하여, 그가 한번 바라보기만 해도 말의 가치가 상승할 정도였다고 한다. 본명은 손양(孫陽)이지만, 사람들은 하늘에서 말을 다스리는 별의 이름을 따와 그를 백락이라 불렀다. 당나라 문학가 한유(韓愈)는 《잡설》에서 이렇게 기록했다. "세상에 백락이 있은 뒤에라야 천리마가 있는 법이다. 천리마는 늘 있지만, 백락은 항상 있지 않다." 이것은 아무리 뛰어난 재능도 그것을 알아봐 주는 사람이 있어야 빛을 발할 수 있다는 의미다.

〈세크리테리엇 Secretariat〉(2010)의 주인공인 페니는 바로 그런 백락과도 같은 인물이다. 이 영화는 1970년대 미국 역사상 가장 전설적인 경주마 세크리테리엇(Secretariat)을 성장시킨 그녀의 이야기를 담고 있다. 세크리테리엇은 1999년 ESPN이 선정한 '20세기 최고의 100대 운동선수' 명단에 오른 유일한 동물이자, 《타임》의 표지를 장식한 최초의 경주마다. 세크리테리엇은 미국 경마계의 3대 대회인 켄터키 더비, 프리크니스 스테이크스, 벨몬트 스테이크스를 연이어 우승하며 3관왕에 올랐다. 그 기록은 50여 년이 지난 지금까지도 깨지지 않고 있다.

우리는 삶에서 수많은 선택의 순간을 마주한다. 그 선택은 때로 아주 작을 수도 있고, 때로는 나 자신뿐 아니라 타인의 삶의 궤

적까지 바꾸기도 한다. 나는 수많은 체육 교사 중 한 사람일 뿐이지만, 내가 내리는 선택 하나로 아이들의 행복이 달라지고, 내가 던진 말 한마디가 학생의 운명을 바꾸는 순간을 여러 번 경험했다. 그래서 때로는 선택 앞에서 신중하다 못해 우유부단해지기도 한다. 이럴 때 가장 필요한 것은 무엇일까? 바로 깊은 안목과 결단의 용기다. 영화 〈세크리테리엇〉의 주인공 페니는 그런 점에서 우리에게 강한 울림을 주는 인물이다.

1969년, 변호사인 남편과 네 명의 자녀를 둔 평범한 주부 페니는 어머니의 부고를 듣고 아버지의 목장을 방문한다. 아버지는 치매를 앓고 있었고, 목장도 오랜 적자로 위기에 빠져 있었다. 하버드 경제학과 교수인 그녀의 오빠는 아버지를 당장 요양원에 보내고, 적자만 기록하는 목장을 팔아야 한다고 주장한다. 하지만 부모님과의 추억이 깃든 목장을 쉽게 포기할 수 없었던 페니는 깊은 고민에 빠진다.

그러던 중, 목장의 조련사가 말들을 헐값에 판매해 착복한다는 걸 알게 된 그녀는 즉각 새로운 조련사를 고용하며 목장 운영 전면에 나선다. 이 과정에서 페니는 아버지의 일기장을 통해 목장의 최고 암말 두 마리가 당대 최고의 종마와 교배한 사실을 알게 된다. 그리고 집안과 오랜 인연을 이어 온 대부호와의 동전 던지기를 통해 두 마리 새끼 중 하나를 선택할 기회가 있음을 확인한다.

새끼를 선택하는 동전 던지기에서 패배한 페니는 남은 말을 떠안지만, 오히려 그 말이 자신이 꼭 선택하고 싶었던 말이었다. 그리고 운명처럼 만난 이 말은 훗날 미국 역사상 가장 위대한 경주마인 세크리테리엇이 된다. 태어나자마자 곧장 일어나 걸은 세크리테리엇은 성장하면서 점차 뛰어난 기량을 보였고, 각종 소규모 대회에서 우승을 거듭하면서 서서히 세상에 이름을 알리기 시작한다. 그러나 페니는 그녀를 전적으로 지지한 아버지가 세상을 떠나자 막대한 상속세 문제에 맞닥뜨린다.

페니의 오빠와 남편은 당장 세크리테리엇을 팔면 상속세를 해결하고도 남는다며 매각을 권유했지만, 그녀는 단호했다. 현실적인 문제를 좀 생각하라며 다그치는 오빠에게 이렇게 말한다. "중요한 것은 그게 아니야. 앞에 놓인 길을 열심히 달리는 게 중요해. 달려보기 전엔 얼마나 갈 수 있는지 모르니까!"

페니는 투자자를 유치해 위기를 극복하려 한다. 그러나 당시 세크리테리엇은 잘 달린다는 평가를 받긴 했지만 아직 뚜렷한 성과를 내지 못한 상태였기에, 투자금을 모으기는 쉽지 않았다. 페니는 과거에 동전 던지기를 했던 대부호를 찾아가지만, 오히려 돈을 더 쳐줄 테니 세크리테리엇을 팔라는 제안을 받는다.

페니는 단호하게 거절하며 말한다. "내 말은 경마 3관왕을 차지할 겁니다." 페니의 흔들림 없는 확신과 당당함에 매료된 대부호는 그녀에게 투자하기로 결심한다.

3관왕 도전을 앞둔 전초전에서 세크리테리엇은 3위를 기록하며 체면을 잔뜩 구긴다. 알고 보니 입안에 종기 때문이었다. 치료는 했지만 경기에 나가 정상 컨디션을 유지할지는 미지수였다. 페니는 3관왕의 첫 번째 관문인 켄터키 더비를 앞두고 여전히 출전이 불확실한 세크리테리엇의 눈을 맞추며 교감한 뒤, 알았다는 듯이 조용히 속삭인다. "그래, 알았어. 내일 아침에 보자."

전설의 시작을 알리는 아침이 밝아 왔다. 긴장감이 감도는 경주로에서 세크리테리엇은 모든 우려를 뒤로한 채 압도적인 경기력을 선보이며 켄터키 더비 우승을 차지한다. 이어진 두 번째 시합 프리크니스 스테이크스에서도 승리를 거머쥐었다. 이제 마지막 시합인 벨몬트 스테이크스에서 우승하면 대망의 3관왕을 달성할 수 있었다.

벨몬트 스테이크스는 2,400m의 긴 거리로 수많은 명마들이 3관왕을 눈앞에 두고 좌절한 지옥의 코스였다.* 지금까지 달린

---

* 켄터키 더비는 약 2.0km로 세 대회 중 중간 길이에 해당하며, 프리크니스 스테이크스는 약 1.9km로 가장 짧은 거리이고, 벨몬트 스테이크스는 약 2.4km로 가장 긴 경주이다.

단거리와 다르게 장거리에서도 같은 실력을 발휘할 수 있을지, 세크리테리엇을 두고 사람들은 설왕설래한다. 경기 전에 페니는 세크리테리엇과 다시 교감하며 말한다. "나는 이미 승리했어. 이제 너는 네 시합을 달리렴." 이 말은 사랑하는 아버지가 살아계실 때 그녀에게 자주 했던 가르침이었다.

경기가 시작되고, 세크리테리엇은 다른 시합과 달리 초반부터 선두로 치고 나간다. 그동안은 항상 후반에 추월하는 전략을 고수했기에, 예상치 못한 초반 페이스에 사람들은 놀라며 곧 페이스가 꺾이는 게 아닌지 우려한다. "말도 안 돼! 말이 저렇게 빨리 달릴 순 없어!" 그러나 세크리테리엇은 오히려 속도를 더 높이며 2위와의 격차를 계속 벌려 나간다. 결국, 세크리테리엇은 역사상 유례가 없던 31 마신● 차이로 결승선을 통과한다. 그리고 이 기록은 지금까지도 깨지지 않고 있다.

이 영화는 힘든 과거를 극복한 영웅담도 아니고 여성 차별을 극복한 이야기도 아니다. 오히려 누구나 살면서 한 번쯤 겪을 법한 고민과 선택의 순간을 담백하게 표현하며 공감을 불러일으키는 영화다. 페니는 사실 처음부터 백락이 아니었다. 그녀의

●　　마신(馬身)은 말의 코끝에서 엉덩이까지의 길이다. 경마에서 앞뒤 말 사이의 거리를 계산할 때의 단위이다.

승리는 타고난 능력 때문이 아니라, 삶을 대하는 태도와 용기 있는 선택, 그리고 과감한 실행에서 비롯된 것이었다.

그녀는 아버지에 대한 사랑과 존경, 위기를 기회로 만들려는 결심, 불의에 대처하는 단호함, 무엇보다도 말에 대한 깊은 애정과 신뢰 덕분에 다른 사람들이 외면하는 명마를 알아볼 수 있었다. 세상에는 천리마가 많지만, 정작 그 가치를 알아볼 수 있는 백락은 드물다. 이 영화는 말한다. 백락 역시 저절로 탄생하는 것이 아니라고.

체육 교사로서 나는 이 영화를 보며 스스로에게 다음과 같이 묻지 않을 수 없다. 나는 과연 학생들의 재능을 알아보며 그들의 가능성을 믿고 있는가? 나는 학생들의 성장을 위해 내 삶 속에서 적절한 선택을 하고 있는가? 나는 진정으로 그들이 날개를 펼칠 수 있도록 노력하며 돕고 있는가?

백락이 있었기에 천리마가 있었고, 페니가 있었기에 세크리테리엇이 탄생할 수 있었다. 그리고 언젠가 나도, 나로 인해 세상에 모습을 드러낼 천리마를 꿈꿔 보면서 글을 마친다.

나의 펜싱 선생님

<나의 펜싱 선생님 The Fencer>(2015)은 제2차 세계대전 시기 에스토니아의 펜싱 영웅이었던 엔델 넬리스의 실화를 바탕으로 한 영화다. 이 영화를 좀 더 이해하기 위해서는 당시의 역사적인 상황을 알 필요가 있다. 에스토니아는 독일과 소련에 번갈아 점령당하다가 독일의 패망 이후 소련에 병합된다. 엔델은 나치에 의해 강제로 징집되지만, 탈영하고 숨어 지낸다. 이후 독일이 패망하면서 소련의 스탈린은 나치의 군인이었던 자들을 체포하라는 명령을 내렸고, 이에 그는 쫓기는 신세가 된다. 엔델은 소련 당국의 눈을 피해 신분을 숨기고 에스토니아의 작은 마을에서 교사가 된다. 그는 부임 후 교직 생활을 시작하면서부터 학교장의 의심을 받기 시작한다. 당시 소련의 수도인 레닌그라드에서 대학을 다녔고, 봉건 스포츠의 상징인 펜싱을 배웠다는 이유였다.

교사로 첫발을 내디딘 엔델은 가르치는 일이 막막했다. 학교장은 엔델에게 스포츠클럽을 만들라고 했지만, 조그만 마을의 학교에는 멀쩡한 운동 장비가 하나도 없었다. 난감해하던 엔델은 먼지가 쌓인 창고에 방치된 부서진 스키를 고쳐 수업을 준비했다. 그런데 다음날 학교를 가보니 애써 고친 장비가 모조리 사라져 버렸다. 엔델은 이를 학교장에게 보고했지만, 학교의 장비는 군부대와 같이 쓰는 것이란 대답만 들을 수 있었다. 엔델은 당황하여 어떻게 장비도 없이 가르칠 수 있냐고 물었지만, 다시

돌아온 대답은 알아서 하란 것이었다. 다시 어떤 활동을 할지를 고심하던 중 엔델은 자신의 펜싱 칼을 꺼내 연습하는데, 호기심 어린 눈으로 이를 지켜보던 어린 소녀 마르타가 "가르쳐줄 수 있나요?"라고 물었다.

펜싱 수업 첫날, 엔델은 펜싱을 배우려 몰려든 많은 학생에 놀란다. 앙가드! 마르셰! 롬빼!● 엔델은 아직은 어줍지만 펜싱을 가르치고, 학생들과 함께 주변의 나뭇가지들을 모아 펜싱 수업을 위한 도구를 만들었다. 펜싱 수업을 본 교장은 마땅치 않은 표정으로 어딘가에 편지를 보냈다.

엔델은 수업 초기 학생들을 다루는 데 어려움을 겪는다. 나 또한 처음 체육 교사가 되었을 때, 왜 학생들이 내가 가르치는 동작을 제대로 따라 하지 못하는지 이해할 수 없었다. 하지만 시간이 흐르며 점차 학생들을 이해할 수 있었다. 영화 속에서 엔델의 동료 교사는, 마치 내 마음을 대신 전하듯 내가 엔델에게 해주고 싶은 말을 건넨다. "인내심만 있으면 돼요."

이 조언을 들은 엔델은 인내심을 가지고 학생들을 가르치기 시

●　　앙가드(En garde)는 준비 자세, 마르셰(Marche)는 전진, 롬빼(Rompre) 후퇴 동작을 일컫는다.

작한다. 엔델과 학생들이 점차 펜싱 수업에 적응하고 재미를 붙여 나가고 있을 때쯤, 학교장은 펜싱이 프롤레타리아● 계급에는 어울리지 않는 스포츠라면서 좀 더 전통적인 다른 스포츠를 하라고 한다. 학부모 총회에서 한 교사는 학교에서 가르치는 모든 것에는 정치적 의미가 담겨 있다며 학교장을 두둔했다. 이에 학교장은 프롤레타리아에게 적합한 운동을 선정해야 한다며 내심 펜싱을 계속 배웠으면 하는 학부모들의 의견을 무시한 채 펜싱 수업을 폐지하려 한다. 그러나 펜싱 수업을 제법 잘 따라 했던 얀의 할아버지가 펜싱은 봉건적인 스포츠가 아니라고 반박하자, 다른 학부모들도 힘을 내서 펜싱 스포츠클럽의 폐지를 반대한다.

엔델은 펜싱 수업을 계속할 수 있었다. 하지만 레닌그라드에서 찾아온 친구로부터 비밀경찰이 아닌 누군가가 그의 뒤를 캐고 다닌다는 말을 듣는다. 친구는 엔델에게 레닌그라드에서 더 먼 지역으로 떠나야 한다면서 다음 날 바로 출발하자고 권유했다. 그러나 다음 날 아침, 기차역까지 간 엔델이었지만 가르치는 아이들을 뒤로하고 떠날 수 없어 다시 발걸음을 돌렸다.

엔델은 친구로부터 학생들이 사용할 중고 펜싱 장비를 선물로 받았다.[*] 엔델은 이제야 나뭇가지 대신 제대로 된 장비를 가지고 펜싱 수업을 할 수 있게 된다. 그러던 어느 날, 학생들은 레닌그라드에서 열리는 펜싱 대회 공고문을 가지고 와서는 참가하고 싶다고 말했다. 엔델은 거기 가면 소련 경찰에게 잡힐 위험이 크기에 대회 참가를 꺼렸다. 제자들이 실망하는 가운데 얀의 할아버지는 학부모 총회 때의 발언이 문제가 되어 잡혀간다. 아이들의 희망을 꺾고 싶지 않았던 엔델은 동료 교사의 만류를 물리치고 대회에 나가기로 결심한다.

대회장에 도착한 학생들은 시작부터 어려움을 겪는다. 신식 장비가 없어 장비 검사에서부터 퇴짜를 맞았지만, 다행히도 아르메니아의 수도 예레반에서 온 펜싱팀이 장비를 빌려준다. 열악한 환경에서도 학생들은 긴장을 이겨 내고 예선을 통과했다. 좋은 경기력으로 분위기를 탄 학생들, 하지만 엔델이 우려한 상황이 닥친다. 엔델을 잡으려고 소련 경찰들이 경기장에 쫙 깔린

[*] 펜싱은 검의 모양에 따라 3가지 종목으로 구분된다. 통상적으로는 쉽게 이해할 수 있도록 검의 공격 유효면에 따라 종목을 에페, 플뢰레, 사브르로 구분한다. 에페의 공격 유효면은 전신, 플뢰레는 몸통, 사브르는 상반신을 터치하여야 점수를 획득할 수 있다. 규칙 면에서도 공격 우선권의 유무에 따라 많은 차이를 보인다. 에페, 플뢰레 종목은 찌르는 동작만 득점이 가능하여 검의 끝으로만 득점할 수 있고, 사브르의 경우 찌르기, 베기가 모두 가능하여 검의 전 부분으로 득점할 수 있다. 종목에 따라 장비도 차이가 크다. 해당 영화에서의 펜싱 종목은 에페 경기로 보인다. 실제 펜싱에서 가장 먼저 스포츠화가 되었으며 가장 먼저 전자 장비가 도입된 종목이 에페이다.

것이다. 엔델은 틈을 내어 탈출할 길을 찾다가 소련 당국에 그를 신고한 학교장을 만난다. 학교장은 꽤나 선심을 쓰듯이 도망가고 싶으면 도망가라고 말했다. 학생들은 엔델이 없는 상황에서도 결승에 진출한다. 결승 상대는 모스크바팀이었다.

엔델은 학생들의 꿈과 희망을 위해 끝까지 곁에 있기로 마음먹는다. 돌아온 그에게 어린 마르타는 "이제 딴 데 가지 마세요. 우리끼리만 시합하기 싫어요."라고 말하고, 얀은 그를 간절한 눈빛으로 바라보았다. 치열한 공방이 펼쳐지는 결승전의 마지막 15초, 마지막 주자인 얀이 부상을 당하고 교체 선수는 마르타뿐. 자신 없어 하는 마르타에게 엔델은 용기를 북돋아 주지만, 아쉽게도 3초를 남기고 점수를 내주며 연장전으로 돌입한다. 연장전 막판에 극적으로 점수를 올리며 엔델의 팀이 우승하지만, 우승과 함께 그는 소련 경찰에게 잡혀간다. 강제노동 수용소에서 지내던 엔델은 스탈린이 사망하고 난 후 풀려나 학생들에게 돌아온다.

〈나의 펜싱 선생님〉을 보면서, 1936년 우리나라 최초의 올림픽 금메달리스트 손기정 선수가 떠올랐다. 손기정 선수는 일제 강점기라는 어둡고 절망적인 시기에 스포츠를 통해 국민들에게 희망을 안겨 준 인물이었다.

영화 속 상황도 우리나라의 일제 강점기와 닮아 있다. 영화 속 아이들의 아버지 대부분은 징집되어 전장에서 목숨을 잃었고, 식민 통치와 전쟁으로 인해 삶은 피폐했다. 그 속에서 꿈과 희망의 싹은 메말라 버렸다.

그러나 엔델은 아이들에게 펜싱을 가르치며 그 메마른 땅 위에 다시 불씨를 지폈다. 아이들은 펜싱을 통해 웃음을 되찾고, 희망을 발견했다. 엔델 역시 아이들이 행복해하는 모습을 보며 점차 그들을 위해 자신을 희생하는 교육자의 모습으로 변해 갔다.

처음 펜싱부를 맡았을 때, 나도 엔델과 비슷한 마음이었다. 현재 대부분의 체육 교사들은 잦은 출장과 과도한 업무로 인해 운동부 지도를 꺼리곤 한다. 나 역시 여느 체육 교사들과 같은 이유로 펜싱부 맡는 것을 주저한 적이 있었다. 그런데 막상 펜싱부를 맡아보니, 운동선수를 꿈꾸는 아이들에게서 무언가 다른 점을 느꼈다. 매 대회마다 시합에서 패배하면 대성통곡하며 흘리는 눈물, 그 눈물 속에는 단순한 아쉬움이 아닌 간절한 꿈이 배어 있었다. 교사에게 가장 큰 동기 부여 중 하나는 바로 학생들의 간절함이다. 나는 엘리트 학생 선수들의 절실한 마음을 알기에, 그 곁을 쉽사리 떠나지 못한다.

우리가 보는 모든 스포츠 경기에는 늘 절실함이 스며 있다. 일제 강점기 시절 손기정 선수가 올림픽에서 금메달을 목에 걸었을 때, 그것은 단순한 승리의 기쁨이 아니었다. 우리 민족은 그 순간을 통해 독립을 향한 절절한 염원을 함께 느꼈으리라. 〈나의 펜싱 선생님〉에서도 마찬가지다. 무기력하기만 했던 학생들은 펜싱을 통해 다시 꿈을 꾸고, 희망을 붙잡으며, 우승을 향한 간절한 열망으로 나아갔다.

그 모습을 보며 나는 깨닫는다. 스포츠야말로 사람을 더 간절하게 만들고, 희망의 불씨를 지피는 가장 좋은 기폭제라는 것을. 만약 지금 삶에서 무언가 간절함이 느껴지지 않는다면, 어떠한 스포츠라도 한 번 깊이 몰입해 보면 어떨까. 그 속에서 우리는 다시, 꿈꾸는 심장을 만나게 될 것이다.

제2부

'한계'를 긋지 않는
당당한 도전!

소울 서퍼

〈소울 서퍼 Soul Surfer〉(2011)의 원작은 베서니 해밀턴(Bethany Hamilton, 1990년 출생)이 2004년에 출간한 동명의 회고록이다. 하와이 작은 마을의 서핑을 사랑하는 가정에서 태어난 베서니는 어릴 때부터 바다를 놀이터 삼아 프로 서퍼의 꿈을 키운다. 13살 때 상어의 공격을 받아 팔 하나를 잃지만, 베서니는 실의에 빠져 있지 않고 다시 일어선다. 기독교의 분위기가 짙은 이 영화에서, 모진 시련을 헤치며 희망을 품고 비상하는 영혼의 울림과 같은 힘이 어디에서 솟아나는지 각자의 믿음을 토대로 생각해 보면 좋을 것 같다.

어린 베서니는 오빠와 남동생과 어울려 놀면서 자연스럽게 체력과 경쟁심을 키운다. 틈이 날 때마다 함께 바다를 찾는 둘도 없는 단짝과는 서로의 성장 촉진제인 페이스메이커처럼 사이 좋게 지낸다. 중학생이 된 베서니와 절친은 주(州) 대회에 나갈 자격이 주어지는 지역 서핑 대회에서 우승과 3위를 차지하고, 이들의 기량을 눈여겨 본 후원사의 지원도 받게 된다. 한 서핑계 인사는 베서니의 아버지에게 덕담을 건넨다. "아이가 열과 성을 다하니까 대성할 거예요."

모든 게 순탄하던 베서니에게 날벼락 같은 일이 생긴다. 파도를 찾아 인적이 드문 곳에서 서핑을 하던 중 상어에게 왼팔을 물어 뜯긴 것이다. 혈액의 60% 이상을 잃는 과다 출혈로 목숨이 경각에 달했지만 그녀는 기적적으로 깨어난다. 그리곤 깨어나자마자 묻는다. "언제 서핑하러 가요?" 아버지는 힘을 북돋는다. "곧 가게 될 거다. 너라면 못할 일이 없으니까." 사고 현장에 같이 있던 단짝 친구의 가족도 응원을 보낸다. "너는 절대 포기하지 않더구나. 정말 장하다." 마을 사람들도 한마음으로 쾌유를 기원한다.

베서니는 한 손으로는 모든 게 서툰 처지에 놓이다 보니 서핑을 그만두게 될지도 모른다는 걱정에 잠긴다. 그러나 이내 자문자답으로 마음을 다잡는다. "어떻게 하지? 하다 보면 길이 보이겠지." 이 말에 백번 공감이 된다. 지레 포기하고 주저앉아 아무것도 하지 않고 핑곗거리만 찾다 보면 제자리를 맴돌거나 뒷걸음을 할 뿐이다. 무언가를 시작하고 꾸준하게 하다 보면 죽이 되든 밥이 되든 뭔가 이루어지지 않겠는가. 베서니는 한 팔로 살아가는 삶의 새로운 방식을 스스럼없이 받아들인다. 긍정적 생각이 삶의 길을 연다.

자신에게 힘을 불어넣어 보지만 채워지지 않는 허전함을 느낀 베서니는 주일 학교 선생님을 찾아간다. "너무 가까이 들여다보면 사물이 다르게 보인다고 하신 말씀, 기억하세요? 인생도 마찬가지이니 감당하기 힘든 경험을 할 때 시각을 바꿔보라고 하셨지요? 그래서 바꿔보려고 애썼지만, 여전히 이해가 안 돼요. 이 일도 주님께서 계획하신 걸까요?" 선생님이 이전에 들려준 "나는 너희를 위하여 몸소 마련한 계획을 분명히 알고 있다. 주님의 말씀이다. 그것은 평화를 위한 계획이지 재앙을 위한 계획이 아니므로, 나는 너희에게 미래와 희망을 주고자 한다(예레미아 29, 11)"라는 성경 구절을 떠올려 되물은 것이다. 선생님은 차분하게 생각을 밝힌다. "전화위복이 되리라 믿는다. 궁금하구나, 그게 무엇일지…."

마음을 추스른 베서니는 서핑을 다시 시작하리라 결심한다. 겁이 나지 않느냐는 친구의 물음에 당차게 대답한다. "서핑을 못하는 게 더 겁나." 한여름 파란 바다의 변화무쌍한 물살을 쏜살같이 가르는 서핑은 한겨울의 눈부신 설산을 요리조리 활강하는 스키잉(skiing)의 스릴과 비슷하게, 한번 시작하면 푹 빠지는 매력이 있지 않나 싶다. 서핑을 재개한 첫날, 베서니는 이리저리 흔들리는 서프보드에 오르지도 못한다. 그러나 수없는 실패 끝에 기어코 새로운 삶의 파도를 탄다. 가능성의 실마리를 잡은 베서니는 각오를 다진다. "대회에 나가야 하니 내일부터는 본격적으로 연습할래요."

베서니는 겉모양을 갖추도록 제공받은 의수가 서핑에 거칫거리자 벗어버린다. "한 팔로 해내겠어요." 아버지는 벅차지 않을까 싶어 걱정스럽다. "쉽지 않을 텐데." 하지만 베서니는 확고하다. "가능성만 있으면 돼요." 아버지는 딸의 결심을 고취한다. "맞다, 너라면 무엇이든 가능하지. 시작하자." 베서니는 초보자용 롱보드에서 시작해서 크기를 차차 줄여간다.● 온 가족은 베서니의 적합한 서핑 자세를 찾아내지만, 아직 넘어야 큰 고비가 남아 있다. 서핑할 때는 다 쓸고 갈 기세의 파도를 만나더라도 이를 뚫어야 한다. 그러나 거센 파도가 몰아치면 두 팔로도 견디지 못하고 나동그라지기 일쑤다. 베서니가 이를 한 팔로 해내기란 절대 간단치 않은 일이다.●●

주 대회의 심판진은 베서니를 다른 선수들보다 먼저 출발하게 한다. 어떤 곳에서는 무신경으로 차별을 방치하거나 유리 천장을 덮어씌우기도 하지만, 이곳은 차이를 고려한 체급 경기처럼 '공정'의 의미를 참작한 것 같다. 하지만 동일한 조건으로 도전하고 싶은 베서니는 주최 측의 제안을 사양한다. 그럼에도 베서니는 1차 시도에서 '우수'에 해당하는 점수를 얻는다.●●● 연이은 시도에서 그녀는 서퍼라면 행운으로 받아들이는 엄청난 파

● 서프보드는 롱보드, 숏보드, 피시보드 등 여러 종류가 있다. 서퍼의 경험, 수준, 스타일, 체격 및 파도의 조건을 고려해서 선택하면 된다.

●● 서핑은 한 파도에 한 명의 서퍼만이 탈 수 있다. 파도의 최고점(peak)에 가장 근접한 선수에게 우선권이 주어지기 때문에, 밀려오는 파도를 헤치고 다른 선수들보다 빠르게 헤엄쳐 좋은 위치를 선점하는 게 중요하다.

●●● 이 영화에 비친 점수표의 기준은 다음과 같다. 저조: 0.1~2.5, 보통: 2.6~4.1, 우수: 4.2~6.1, 매우 우수: 6.2~7.9, 탁월: 8.0~10.

도를 만나지만 안타깝게도 힘에 부친다. 다른 선수들의 안전한 서핑을 위해서 보드와 떨어지면 안 되지만, 강한 파도에 보드는 깨지고 베서니는 물에 빠져 허우적거리다 구조대의 도움을 받는다. 예절은 규칙보다 우선한다는 말마따나, 에티켓을 중시하는 서핑에서 진로 방해와 배려를 놓고 선수들은 옥신각신한다. 실격이라면 받아들일 수 있겠지만, 자신을 똑같은 선수로 바라보지 않는 시선에 자존심이 상한 베서니는 서핑을 접으려 한다.

베서니는 아버지에게 넋두리한다. "저는 파도가 세게 치면 출발선까지도 못 가요. 세상에 못 할 것 없이 자신만만한 때도 있었는데… 왜 모든 걸 잃어야 하죠?" 아버지는 위로한다. "모든 건 아니지. 너는 상어 공격에도 살아남았잖니? 사랑하는 가족도 있고." 베서니는 답답한 마음을 다시금 토로한다. "이제 뭘해야 하죠? 어떻게 하면 알 수 있을까요?" 걱정으로 몸과 마음을 지치게 하기보다는 힘을 낼 수 있는 격려가 더 긴요하다. 아버지는 다독인다. "때가 되면 알게 될 거다. 네게 예정된 일에 귀를 기울여 보렴." 다 때가 있기 마련이지만 그때를 알기는 어렵다. 낙심하지 않고 포기하지 않고 계속 나아가면 언젠가 제때 결실을 거두게 되리라(갈라 6, 9 참조).

베서니는 쓰나미가 휩쓸고 간 참혹한 현장으로 해외 봉사활동을 떠난다. 가족을 앗아간 바다를 무서워하며 말문이 막힌 어린 아이의 마음의 문을 열기 위해 서프보드를 물에 띄운다. 그리고 나서 새롭게 깨달은 바를 내비친다. "아이들에게 서핑을 가르치면서 서핑이 전부가 아니란 걸 깨닫게 될 줄 누가 알았을까요?"

집으로 돌아온 베서니는 지난 시합에서 그녀가 보여 준 꺾이지 않는 도전 정신에 다시 일어설 용기를 얻었다며 보내온 응원의 편지들을 읽고서 묻는다. "엉망인 것을 보고도 왜 또 시합에 나가라는 건가요?" 아버지는 대답한다. "노력을 본 거지." 베서니는 마음을 다잡는다. "처음부터 시작할래요. 파도에 휩쓸리지 않을 길을 찾아야 해요." 아버지는 어떻게 헤엄치느냐가 아니라 어떻게 파도를 타느냐가 서핑의 핵심 규정이란 데서 착안해, 한 손으로도 꽉 붙들 수 있는 손잡이를 보드에 단다.

늘 서로를 지지하는 가족들의 도움으로 베서니는 한 팔로도 두 팔의 힘을 발휘할 수 있는 체력 훈련을 시작한다. 단짝 친구와도 다시 의기투합한다. "늘 곁에 있어서 고마워." "우리는 친구잖아." 철봉 매달리기, 팔굽혀 펴기, 윗몸 일으키기, 물살 젓기, 무거운 배낭을 메고 모래 위 달리기, 움직이는 보드 위에서 균형 잡기 등 훈련의 강도와 난이도는 날이 갈수록 높아진다.

마침내 전국에서 내로라하는 아마추어 선수들이 참여하는 대회에 베서니는 출전한다. 아버지는 자신감을 북돋는다. "위대한 서퍼는 어떤 파도를 탈지 느낌으로 안다. 그런 순간 있지? 사방이 고요한데 에너지가 느껴지는. 신경을 집중하고 때를 기다려라." 노력하고 노력하는데도 기회가 오지 않는다고 생각한다면, 저 멀리 대양 한가운데 심해 속에서 굉장한 파도의 에너지가 서서히 힘을 형성하며 다가오는 중이라고 생각하면 어떨까.

베서니는 조별 경기를 거쳐 겨우 턱걸이로 결선 진출자 6명에 들어간다.● 하지만 치열한 결선의 첫 시도에서 파도에 고꾸라지고 만다. 부모는 응원을 보낸다. "괜찮아, 다시 시도해. 힘을 내." 종료 5분이 채 남지 않은 시점, 선두를 달리는 선수와 베서니는 얼굴을 때리는 파도를 헤가르며 헤엄쳐 나간다. 앞서니 뒤서니 하던 베서니는 보드에 힘과 체중을 실은 잠영으로 피할 파도를 벗어나 타야 할 파도에 먼저 타고, 만점에 가까운 최고 점수를 얻는다. 하지만 입상권에 들려면 고득점 하나가 더 필요하다.

선수들은 마지막 파도를 기다리지만, 바다는 잔잔하기만 하다.

<hr>

● 　영화 속에 비친 주 대회 규칙은 지역 대회 때와 차이를 보인다. 심판 4명이 선수 각각을 채점하고 그 가운데 최고점과 최저점은 제외한다. 조별로 25분이 주어지고, 선수당 열 번까지 파도를 탈 수 있으며, 선수가 얻은 고득점 두 개를 반영하여 결선 진출자를 가린다. 서핑의 평가 기준은 파도의 크기, 서핑의 흐름과 파워, 안정적 자세, 파도의 하단과 상단의 회전 기술, 파도의 터널을 통과하는 '튜브 동작', 창의성 등이다. 다른 선수의 진로를 방해하면 실격 처리를 한다.

잠시 후, 베서니 혼자 바다를 향해 헤엄쳐 나간다. 장내 중계진이 말한다. "오늘 저 지점에서는 파도가 없었어요." 그런데 곧 거대한 파도가 밀려온다. 종료 소리와 동시에 파도에 올라탄 베서니는 긴 파도 터널을 완벽하게 빠져나와 경기를 마무리한다. 환상적인 퍼포먼스에 모두가 환호한다. 그런데 간발의 차로 시간을 초과했다는 판정을 받고 만다. 무효는 말이 안 된다고 흥분하는 아버지를 베서니는 위안한다. "보람은 남았잖아요!"

늘 아웅다웅 경쟁하던 선수는 1위 시상대에서 말한다. "저는 마지막 시도를 무효라고 생각하지 않아요. 베서니와 이 트로피를 함께 나누고 싶어요." 베서니는 우승을 놓쳐 서운하냐는 기자의 질문에 답한다. "우승하러 온 게 아니라 서핑하러 왔어요." 기자가 다시 묻는다. "사고 이전으로 되돌아가는 대신에 서핑을 그만두어야 한다면 어떻게 하겠어요?" 베서니는 단호하다. "후회하지 않아요. 덕분에 양팔일 때보다 더 많은 사람을 끌어안을 수 있게 됐어요." 이듬해 베서니는 학생 챔피언십 대회에서 우승하고, 지금은 어릴 적 소망대로 프로 서퍼로 서핑을 즐긴다. 나아가 작가로도 활동하고, 봉사도 열심이다.

베서니처럼 '힘든 일은 있어도 불가능은 없다'라는 교훈을 전하는, 삶의 귀감인 예는 많다. 선천적으로 없는 양팔 대신에 양발로 활시위를 당기는 패럴림픽 금메달리스트가 있고, 두 다리의족만으로 대학 육상 경기에 참여하고 모델과 배우로 활동하는 사람도 있다. 팔다리 없이 수영과 서핑을 즐기며 세계 곳곳에 희망을 전파하는 이도 있다. 한때 좌절을 겪기도 한 그들의 이러한 행적의 힘은 간절한 바람과 강인한 의지, 굳건한 믿음과 더불어 가족의 지지, 친구와 이웃의 응원으로 생동한다.

영화는 "끝은 단지 시작일 뿐이다"라는 자막과 베서니의 독백으로 막을 내린다. "나는 서핑을 위해 태어났다. 그래서 나는 매일 새벽 눈을 뜬다. 온몸이 긁히고 살갗이 벗겨지고 몸이 파김치가 돼도 견뎌낸다. 인생도 서핑과 비슷하다는 걸 배웠다. 파도 밑에 처박혀도 곧바로 일어나야 한다. 파도 너머 무엇이 있을지 알 수 없으니까. 믿음이 있으면 무엇이든 가능하다. 그 무엇이든." 험한 세파가 몰아쳐도 꿋꿋한 희망으로 삶의 파도를 넘도록, 모두의 건투를 기원한다.

꿈은 나이를
먹지 않는다

세상에서 가장
빠른 인디언

"전속력으로 5분을 달리는
것이 평생 사는 것보다
의미 있을 수도 있단다."

우리의 육체는 세월을 따라 늙어 가지만 마음도 그러할까? 적어도 나의 주변 사람들은 아니라고 답한다. 나이가 들어도 마음만은 아직 이팔청춘이라고 하니까. 그도 그러할 만한 것이, 마흔의 나이에도 마음은 고등학교 친구들과 축구하던 운동장에, 수업 들으러 뛰어다니던 대학 캠퍼스 어딘가에 두고 온 것 같다.

우리는 시들지 않는 마음 밭에 꿈이라는 씨앗을 품고 산다. 언젠가는 싹이 나고 자라나 결실할 이 씨앗은, 혹여 열매를 맺지 못하더라도 그 자체가 고귀하다. 어떤 이는 수확의 결과를 놓고 효율을 따질 수 있겠지만, 그것은 중요한 게 아니다. 확실한 것은 마음에 품은 꿈이 각자의 삶을 이끌어간다는 것, 세상 밖으로 화려하게 피어나지 않더라도 그것이 우리에겐 너무나 소중하다는 사실이다.

여기 68세의 나이로 1,000cc 이하 오토바이 296km/h의 기록을 가진 버트 먼로(Burt Munro)의 이야기가 있다. 현재까지도 깨지지 않은 놀라운 기록에서 그가 자신의 꿈을 얼마나 사랑했는지, 그리고 그것을 가꾸기에 얼마나 열정적이었는지 알 수 있다. 모든 순간이 깊은 감동으로 다가온다.

〈세상에서 가장 빠른 인디언 The World's Fastest Indian〉(2005)의 '인디언'은 오토바이 제품명이다. 사전 지식 없이 영화 제목을 보고는 올림픽 최초 인디언 육상 선수의 감동 실화로 착각하였다. 주인공인 버트의 1920년산 인디언은 그가 수제로 부품을 제작하고, 취항에 맞춰 개조까지 한 창작물이다. 그의 작업실은 좋게 말하면 집념의 산실이요, 안 좋게 말하면 반은 미쳐 보이는 시행착오의 유해로 가득한 무덤 같아 보였다. 이런 곳에서 버트는 잠자는 시간 외에는 오토바이와 관련된 일로만 하루를 가득 채웠다. 자기 집 마당의 풀을 깎거나 이웃을 배려하기 위해 조용히 작업하는 등의 행위는 버트와는 상관없었다. 오히려 버트는 자신을 따르는 옆집 꼬마에게 오토바이 개조를 위한 생활 도구를 몰래 빌리고, 그 반납은 급한 사람의 일로 돌렸다. 불광불급(不狂不及), 미치지 않으면 미칠 수 없다. 젊은 시절부터 모터사이클 레이스에 참여하여 한평생 달려온 외길 인생은, 왜 그에게 '속도의 신'이라는 별명이 붙었는지를 알 수 있게 해준다.

목표에 몰두하고 그것을 쫓는 몰입의 과정은 누구나 경험한 적 있을 것이다. 초등학교 때 고무 동력기와 글라이더에 몰두한 적이 있다. 목표는 대회에 나가서 내가 만든 모형 비행기가 하늘 위로 날아가 측정할 수 없는 무한대를 기록하는 것이었다. 만약 같은 기록이 나온 선수들이 있으면 생년월일이 늦은 사람이 유리했다. 내가 가장 잘 만든 작품이 없어지는 것이 목표라니 지금 생각해도 이상하다. 그래도 땅에 떨어지지 않고 기류를 잘 만나 점점 더 하늘로 올라가는 작품을 바라보노라면, 무슨 왈츠

같기도 하고 바이킹 같기도 한 것이 그만큼 긴장감 넘치는 관전은 없는 것 같았다.

두 종류의 모형 비행기 중 글라이더가 더 좋았다. 고무 동력기는 순정인 고무줄을 쓰지 않고 수입한 얇은 고무줄을 쓰는 게 더 유리했는데, 그러한 변수가 있는 것이 싫었다. 아무튼 순정 키트에 있는 부속으로만 글라이더를 만들고, 바람의 방향을 판단하여 쏜살같이 달음질하다 제때 놓아 날리는 그 모든 순간이 몰입의 과정이었다. 글라이더와 연결된 실을 놓는 순간 하늘에 모든 걸 맡기는 간절함도 순수하였다. 가끔 초등학교 때부터 받은 상장을 저장소 삼아 살펴보며 추억을 되살리곤 한다. 그래, 그때는 미쳐 있었다. 제시간에 밥을 먹는다거나 친구들이 놀자는 유혹도 마다하고 내 창작물이 하늘로 사라지기를 바라는 희한한 연구로 말이다. 비행기가 떨어져 산산조각 나도 즐거웠고, 아예 사라지는 게 희열이었던 나의 작은 목표. 거창하게 말해 그 꿈이 버트를 이해하게 한다.

뉴질랜드에서 생활하는 버트는 대기록 수립을 위해 미국으로 떠나기 전, 자신을 따르는 소년에게 추억이 담긴 오토바이 부품을 건넸다. 별거 아닌 거라고 치부할 수 있겠으나 어디 역사 속에 별거 아닌 것이 있으랴. 소년은 뭔지도 모를 부품과 함께 자기 집 앞마당에 있는 레몬트리를 관리하라는 명(命)도 함께 받는다. 평소 버트의 소변을 양분 삼아 자라던 레몬트리, 소년도 버트의 빈자리가 느껴지지 않게 관리하리라 다짐했다. 세상에 쓸모없는 것이 무엇이고, 버릴 것이 무엇이랴. 그것이 소변이어도 말이다.

어쩌면 이 대목은 무논리로 불필요하다 칭함을 받는 모든 것에 대한 항소 같았다. 어릴 적에 부모님의 밭농사를 도운 적이 있다. 퇴비 삼아 한약 찌꺼기를 밭에 뿌리기도 하고 거름 삼아 분뇨를 뿌리기도 하였다. 이런 게 약이 되겠나 싶었지만, 소산물이 풍성했던 결과를 보니 옳은 일이었다. 불필요한 존재, 없어도 되는 존재는 없다. 그러니 작은 돌멩이라고 걷어차지 마라. 꿈을 품은 다이아몬드일 줄 누가 알랴!

버트의 도전은 무모했다. 아니, 좀 무식하고 무리한 것처럼 보였다. 충분한 계획도 사전 공부도 없을뿐더러, 준비를 위한 경비 자체도 풍족하지 않았다. 버트는 그냥 마음이 이끄는 대로 꾸역꾸역 한 발 떼는 그런 사람으로 보인다. 하지만 그 모든 것이 순수해 보이고 하얗게 빛난다. 심지어 그 빛은 그를 스치는 사람들을 주광성 생물처럼 모여들게 하고 경청하게 만든다. 아마도 버트를 바라보는 시선과 마음은 '무모'가 아니라, 자신이 못다 이룬 꿈들이 전가되어 대신 이루어지기를 바라는 '염원' 같다. 그래서인지 버트의 경주는 혼자만의 도전이라기보다는,

그의 이웃과 새로운 인연들이 함께 인디언으로 조립되어 가며 달리는 경주 같았다.

버트는 낯선 미국 땅에 도착해 중고차를 싼값에 매입해 차 안에서 먹고 잤다. 그것도 중고차를 산 사업장 근처에서 말이다. 오늘날로 따지면 무개념 차박으로 인터넷 기사글이 되는 그런 상황이다. 그러나 중고차 사장은 경정비의 소일거리를 주며 그의 무개념 차박 생활을 허락했고, 되려 그의 실력과 성실함에 매료되어 함께 일하자는 제안까지 한다. 하지만 버트가 가려는 목표는 분명하고 단호했다. 제아무리 품삯을 잘 쳐주더라도 그는 머무르는 바람이 아니었다. 그는 최선을 다해 부딪혀 보고 최선을 다해 개선했다. 칠순을 바라보는 나이에 말이다. 부딪히면서 배우는 결단력과 추진력은 그의 나이를 잊게 만드는 또 하나의 마술이다. 다른 한 가지 마술은 우스갯소리지만 군대를 전역하면서 느꼈던 '사회에 나가면 뭐든 할 수 있을 것 같은 희한한(?) 자신감'이 버트를 보면서 다시 생긴다는 것이다.

지금의 '러닝 열풍'이 있기 전인 2014년, 재능 기부로 꿈나무 육상 선수들을 지도했었다. 선수는 많아야 15명 내외였다. 초등학교 4학년부터 중년의 성인까지, 육상을 배우고 싶거나 사랑하는 사람들의 모임이었다. 그 모임을 같이 운영하던 세 명이 운동 후 모여 이야기를 나누다가, 우리가 마라톤 대회를 한

번 개최해 보자는 결의를 하였다. 보통은 주최, 주관 자체의 예산이나 지역 단체의 후원을 받고 참가비를 더해서 대회를 운영한다. 하지만 우리는 확보된 자금이 전혀 없었다. 더군다나 그런 대회를 개최해 본 적도 없었으며, 듣도 보도 못한 대회에 누가 참가할지도 미지수였다.

그럼에도 보통은 농담으로 끝날 이 이야기가 점점 실체화되어 갔다. 6·25 참전 유공자회와 함께 주관하여 국립 대전현충원을 대회 장소로 빌렸다. 대회 전 세월호 참사로 인하여 모든 국민이 애도하던 그때, 축제 형식의 모든 대회가 취소되었다. 그러나 우리는 노란 리본을 달고, 애도와 함께 지금의 평화가 있게 해준 마음을 품고 달렸다. 순수한 열정을 바탕으로 한 세 청년의 꿈은 그해도, 두 번째 대회가 열린 2016년에도 많은 참가자로부터 응원받았다. 준비하는 모두가 몇 날 며칠을 밤새며 준비해도 힘든 줄을 몰랐다. 생각해 보니 우리도 의미 있는 가치와 열정을 보여 주었고, 때문에 많은 사람이 우리를 도왔던 것 같다. '조립되어 가는 인디언.' 때로는 실행에 옮기지 못하는 철저함보다는 부딪혀 보는 결단력이 방법인 걸지도 모르겠다.

미국 유타주의 보너빌 스피드웨이에서 열리는 '스피드 위크'에서 버트는 1962년 288km/h, 1966년 270km/h를 달성했고, 마지막 도전이었던 1967년에는 공식 기록 306km/h를 달성했다.● 그는 대회의 참가 신청 방법도 몰랐다. 이런 그가 신기록을 세운 것은 어떤 특별함 때문일까? 결론적으로, 그에게 신체적으로 특별할 것은 전혀 없었다. 신장이 좋지 않아 소변을 볼 때 고생하는, 혈기의 근력이 왕성한 나이도 아닌 그가 신체적으로 무엇이 특별하겠는가. 짚어보자면, 어릴 때부터 노년에 이르기까지 '스피드'가 그의 삶의 중심이었단 점이다. 꿈을 늘 품고 살았다는 것뿐이다. 어려서부터 품었던 시들지 않는 꿈이 그를 특별하게 만든 것이다. 나아가 주변에 꿈을 이야기하고, 그 꿈을 향해 끝없이 반복했던 시행착오가 그의 특별함을 여러 위인전에서 느낄 수 있는 존경과 아름다움의 영역으로까지 이르게 한 것이다.

버트가 신기록을 세운 건 68세의 나이였다. 누군가에겐 은퇴 후 치열한 경제생활의 2선에서 노년의 여유로움을 맞이할 나이일 수 있다. 아무리 "인생은 60세부터 시작이다", "제2의 청춘이다"라고 말하지만, 쟁쟁한 선수들을 제치고 레이싱 신기록을 세울 나이라고 한다면 그 누가 공감할 수 있겠는가. 그래서 그의 업적은 충격과 반성을 불러일으킨다. 정말이지 나이는 숫자에 불과하다. 그가 주는 메시지처럼 지금도 늦지 않고 도전할 수 있다. 그 도전이 타인이 인정하는 성공에 도달하지 못하더라도, 도전 자체가 아름답다. 누군가를 의식해야 하는 삶, 책임의

●　　　　훗날 계측 오류가 발견되어 296km/h로 정정되었다.

무게 때문에 자신을 스스로 통제한 삶, 그것이 누적되며 누구도 강요한 적 없음에도 이제는 그것이 나라고 인정해 버린 삶. 애 초부터 꿈은 사치고 자신에게는 그 어떤 꿈도 없었던 것처럼 여겨질 때, 버트는 아니라고 말하며 우리에게 새로운 용기를 준다. 최고의 속도라는 꿈을 위해 거추장스러운 부품을 떼어 내 오토바이를 가볍게 한 것처럼, 자신을 억압한 짐들을 던져 버리라는 것이다. 결과에 대한 공포심은 사실상 내 속에서 스스로 만들어 낸 올가미일 뿐, 포기하거나 실패한 것이 아니라 또 다른 준비였을 뿐이라고 안도할지 모르니.

영화를 보는 내내 버트의 나이를 실감할 수 없었다. 영화 자막이 올라가는 순간에서야 알았다. '아! 버트가 우리 아버지보다 나이가 많구나!' 마음은 늙지 않는다. 나이는 숫자에 불과하다. 내 속에서 꿈틀대는 날 것 그대로를 포기하지 말자. 어느 인문학 강의에서 들은 "내 속에 먹이를 주는 늑대가 이긴다"라는 말처럼, 나를 행복하게 하는 그것에 더 관대하리라고, 절대 발 묶인 아기 코끼리처럼 그 굴레 안에서만 살지 않으리라고 다짐해 본다. 본인도 없는 것을 어찌 타인에게 주랴. 버트가 행복했기에 그도 행복을 줄 수 있었다. 속도의 신이 되지 않더라도, 굳이 영화의 한 소재가 되지 않더라도, 그의 주변은 행복했으리라 추측해 본다. 우리도 우리만의 행복한 레이스를 즐겨 보자. 5분이어도 그 레이스는 평생을 달린 것보다 행복할 것이니까.

✳
✳

뜨거운 섬에서
얼음 위를 달리다
쿨 러닝

"이제 봅슬레이
시간이다! 쿨 러닝!"

자메이카는 세계적인 단거리 육상 강국이다. 우사인 볼트라는 전설적인 선수로 그 명성이 대변되지만, 사실 자메이카는 이전부터 올림픽에서 꾸준히 좋은 성적을 내왔다. 〈쿨 러닝 Cool Running〉(1993)은 그 배경을 1987년으로 설정했다. 서울올림픽을 앞두고 자메이카 100m 국가대표 선발전이 열린다. 주인공 데리스는 200m 올림픽 금메달리스트였던 아버지 벤처럼 올림픽 출전을 꿈꿨다. 그러나 100m 국가대표 선발전에서 옆 선수의 실수로 함께 엉켜 넘어지면서 꿈이 좌절되고 만다.

실망한 데리스는 체육 연맹을 찾아가 억울함을 호소하며 재경기를 요청했지만, 받아들여지지 않았다. 빈손으로 돌아서려던 그는 연맹의 한 벽면에서 아버지의 젊은 시절 사진을 발견하고, 사진 속 아버지 옆에 있는 낯선 백인에게 호기심이 생겼다. 사무실 직원은 그가 어빙 블리처라는 인물이며, 미국 국가대표로 동계 올림픽 봅슬레이 금메달을 딴 선수였다고 설명해 준다. 어빙은 한때 아버지 벤에게 봅슬레이 선수를 권유했던 사람이었다. "봅슬레이에 육상 단거리 선수만 한 사람은 없지"라는 그의 말은 데리스에게 새로운 가능성을 열어 주었다. 데리스는 봅슬레이 선수로 올림픽 무대에 서겠다는 꿈을 품기 된다.

주변의 시선은 차가웠다. 눈도 내리지 않는 더운 섬나라 자메이카에서 봅슬레이에 도전하다니, 사람들은 비웃었다. 그러나 데

리스는 포기하지 않고 어빙을 찾아가 코치를 맡아 달라고 설득
했다. 어빙은 처음엔 거절했지만, 데리스가 벤의 아들이란 사실
에 결국 마음을 열게 된다.

팀을 꾸리는 것도 쉽지 않았다. 4명이나 되는 선수가 필요했기
때문이다. 다행히 무동력 자동차 경주를 하던 친구 상카, 그리
고 국가대표 선발전에서 같이 넘어진 주니어와 율이 함께 팀을
꾸린다. 어설픈 팀처럼 보였지만, 모두 진심이었다. 성격은 제
각각이었지만 올림픽에 대한 열망 하나로 뭉친 네 사람은 언덕
길에서 바퀴 달린 썰매로 훈련을 시작한다. 데리스의 끈질긴 열
정이 팀의 출발을 가능하게 했다.

《그릿 Grit》의 저자 안젤라 더크워스는 '포기하지 않는 사람'의
특징을 연구했는데, 데리스에게도 그 특징들이 드러난다. 첫째,
타인과의 비교보다 자신의 성장에 집중한다. 둘째, 과거에 집착
하지 않고 현재에 충실하며 미래를 향해 나아간다. 셋째, 자신
이 하는 일에 대한 분명한 사명감과 목표 의식을 품고 있다. 이
모든 요소가 데리스의 여정에 녹아 있다.

목표가 분명하고 절박한 사람에게는 타인의 시선이 중요하지
않다. 오직 자신이 이루고자 하는 것을 향한 방법을 찾는 것이
전부다. "궁즉통"이라는 말이 있다. "궁즉변 변즉통(窮則變, 變

則通)”이라는 고사성어처럼, 막다른 상황은 변화를 만들고 변화는 결국 새로운 길을 연다. 영화는 이것을 실감 나게 보여 주고 있다.

열악한 환경에서도 연습을 거듭하며 기록은 점점 좋아졌다. 썰매에 제대로 올라타지도 못하던 팀이 점차 성장해 나갔다. 봅슬레이는 스타트 시 반응 속도와 추진력이 중요한데, 팀원 대부분이 100m를 10초대에 주파할 수 있는 선수들이었기에 빠르게 발전할 수 있었다.

어빙의 눈빛도 달라지기 시작했다. ‘네 녀석들이 봅슬레이를 해 보겠다고? 사람 참 귀찮게 하네. 맛만 보게 해줄게’라던 그가 어느새 진심을 담아 훈련에 임했다. 하지만 자메이카에서만 훈련을 지속할 수는 없었다. 훈련 자금도 부족했지만, 제대로 된 시설이 필요했다. 어빙은 체육 연맹을 찾아가 지금까지의 훈련 기록을 근거로 지원을 요청하지만, 돌아온 대답은 냉담했다. “국고를 들여 세계의 웃음거리가 되게 할 순 없소. 당신 나라에서 해보시오. 우리나라 망신은 사절이오.”

그렇다. 어빙은 미국인이었다. 자메이카는 동계 올림픽 참가 경험이 전무했다. 그런 나라에서 국가적 지원을 한다는 건 상상조차 어려운 일이었다. 이때 주니어(미들맨 1)는 아버지의 고급

차를 몰래 팔아 경비를 마련한다. 선수들은 한사코 거절했지만, 100m 육상 국가대표 선발전에서 실수해 데리스와 율의 기회를 망쳤다는 미안함에 그는 기꺼이 자금을 지원한다. 그렇게 자메이카 팀은 캘거리로 향하게 된다.

캘거리는 동계 올림픽이 열리는 캐나다의 도시다. 위도 51도로, 러시아의 시베리아와 비슷하다. 공항에 내리자, 선수들은 엄청난 추위에 당황한다. 영하 25도, 일상생활조차 어려운 기온이었다. 생각지 못한 어려움에 당면한 팀원들은 어쩔 줄 몰랐다. 그러나 진짜 문제는 썰매였다. 봅슬레이 썰매가 아예 없었다. 자메이카에서는 바퀴 달린 리어카 같은 썰매만 있었기 때문이다.

어빙은 미국 대표팀 코치이자 자신의 옛 동료에게 자메이카 팀의 사정을 이야기한다. 좋은 썰매가 아니어도 좋으니 남는 것 어떤 것이라도 빌려달라고 도움을 요청했다. 그렇게 미국팀이 훈련용으로 쓰다가 폐기 직전까지 방치해 둔 썰매를 겨우 구할 수 있었다. 이제 진짜 도전의 시작이었다. 올림픽 참가 자격을 따기 위해선 1분 이내의 기록을 세워야 했다.

폐기 처분 직전의 썰매로 연습하는 자메이카 팀은 다른 팀의 조롱거리가 되고 만다. 생각지 못한 혹독한 날씨와 장비 부족, 팀

외부의 싸늘한 시선 속에서 팀 분위기도 침체된다. 데리스는 이 상황을 타개하고자 고민에 빠지게 되는데, 스위스팀을 롤모델로 삼고자 했다. 그래서 스위스 팀을 철저히 관찰한다. 마치 파파라치를 방불케 하며, 스위스팀은 어떤 연습을 어떤 방식으로 하는지, 휴식 시간을 어떻게 활용하는지, 주장은 팀원을 이끌기 위해 어떤 말이나 행동을 하는지 하나하나 다 관찰하고 기록했다.

데리스는 성실함과 올바른 가치관으로 팀원들에게 긍정적인 영향을 주었다. 팀이 방향을 잃었을 때는 성공한 롤모델을 깊이 관찰하고 스스로의 길을 만들어 나가야 한다. 성공한 사람들에겐 대개 롤모델이 있었다. 호날두에겐 루이스 피구, 스티븐 스필버그에겐 히치콕, BTS의 RM에겐 에픽하이의 타블로, 《해리 포터》의 작가 J.K. 롤링에겐 《냉정과 열정 사이》의 작가 제인 오스틴이 그랬다.

올림픽 참가 자격 심사일. 그간 숱한 어려움에 굴하지 않고 이겨 내온 시간을 보상이라도 받듯이 팀은 좋은 결과를 만들어 낸다. 59.96초! 동계 올림픽 참가 자격 기준인 1분을 간발의 차이로 통과한 것이다. 감격한 팀은 고철 덩어리였던 썰매에 예쁜 색을 칠해 옷을 입혀 준다. 옷과 함께 이름을 붙여 썰매에 생명을 불어넣었다. "쿨 러닝." '무사히 완주하길'이라는 의미였다.

자메이카의 동계 올림픽 참가 소식은 자국민들에게 큰 관심을 불러일으킨다. 국민들은 TV 앞에 삼삼오오 모여 응원했다. 흡사 2002년 월드컵 한국의 풍경과 비슷해 보인다. 봅슬레이는 3일간 한 번씩 총 세 번 경기를 치러 최고 기록으로 순위를 매기며 진행된다. 많은 참가국 중에 가장 강력한 우승 후보는 스위스였고, 그 뒤를 미국, 이탈리아, 캐나다가 쫓고 있다고 전문가들은 내다봤다.

경기 첫날, 긴장한 탓에 선수들은 실수를 연발하며 세간의 웃음거리가 되고 만다. 코치 어빙은 멘탈 관리의 중요성을 강조하며, 앞으로 남은 두 레이스에 어떻게 임할 것인지 대책 회의를 열게 된다. 상카는 "스위스의 훌륭한 점들을 모방하는 것도 좋고, 필요하지만, 그들을 완전히 따라 하는 건 우리에게 맞지 않는다"라며, '우리답게' 임하자고 의견을 제시한다.

둘째 날, 상카의 의견을 수렴해 자메이카 팀은 새로운 변신을 시도한다. 가장 자신들에게 자연스럽고 편한 레게 음악에 맞춰 경기장에 입장했고, 그 모습이 즐거워 보였는지 사람들은 환호하기 시작했다. 자신들에게 자연스러운 모습으로 임하니 긴장이 풀어졌다. 결과는 56.53초. 단숨에 8위로 뛰어올랐다. 사람들은 자메이카 팀에 환호하기 시작했다. '우리답게'라는 상카의 해결책이 적중한 순간이었다. 롤모델은 우리에게 방향을 설정해 주지만, 결국 어느 시점이 되면 자신만의 방식으로 한 발 더 나아가야 하는 것이다.

그날 밤 데리스는 오늘 성공에 대한 들뜬 마음에 휩쓸리지 않기 위해 노력한다. 아직 3일 차 경기가 남아 있기 때문이었다. 실수로 얼룩진 첫날의 경기에 좌절하지 않고, 성공한 둘째 날 흥분하지 않는 데리스의 행동은 일희일비하며 여러 상황에 좌지우지되는 우리의 삶을 되돌아보게 한다. 그는 차분히 앉아 내일 달릴 봅슬레이 트랙의 사진들을 보았다.

경기 셋째 날, 관중들은 기대에 찬 응원을 보냈다. 하지만 경기는 예측 불허, 뜻밖의 상황으로 흘러갔다. 낡은 썰매가 말썽을 부리며 썰매의 나사가 풀렸고, 경기 중 전복 사고로 이어졌다. 경기를 관람하는 관중은 물론이고 자메이카 전체가 숨죽여 그 광경을 지켜보았다. 선수의 생명이 달린 상황이었다. 잠시의 정적을 깨고 쿨 러닝 선수들은 조용히 하나둘 일어나, 썰매를 들어 올리고 결승선을 향해 걸어갔다. 썰매로 완주가 어려우니, 썰매를 들어서라도 결승점에 들어간 것이다. 이 장면은 모든 이의 가슴을 울렸다. 자메이카 국민들은 물론이고 전 세계 사람들이 박수갈채를 보냈다. 올림픽이 대중에게 보여줄 수 있는 가장 숭고한 순간을 만들어 낸 것이다. 쿨 러닝 팀의 경기 기록은 비록 좋지 못했지만, 서로를 자랑스러워하며 영화는 마무리된다.

영화는 우리에게 몇 가지 질문을 던진다. 데리스는 거듭되는 실패 속에서도 어떻게 새로운 길을 찾아 나설 수 있었을까? 냉소적인 주변의 시선 속에서도 신념을 지킬 수 있었던 힘은 어디에서 나왔을까? '우리답게'라는 상카의 말처럼, 나만의 방식으로 문제를 해결하는 태도는 왜 중요한가?

모두의 간절함이 이뤄낸,
단 한 번의 값진 승리
1승

"그래도 한 번은
이기겠죠?"

어떤 일을 잘해야만 하는 상황이 오면 대개 마음에 불안과 압박이 밀려온다. 이를 이겨 내기 위해 우리는 각자의 방식으로 준비한다. 어떤 이는 목표를 향해 차근차근 알아보며 계획을 세우고, 또 다른 이는 일단 무작정 시작하면서 시행착오를 경험하는 가운데 길을 찾는다. 방법은 다르지만, 우리는 모두 나름의 방식으로 상황을 파악하고 대비하는 과정을 거친다. 그리고 그 과정 속 빈틈이 없어졌다고 느낄 때, 불안은 설렘으로 바뀐다.

학교 스포츠클럽 대회에 중학교 여학생 축구팀을 데리고 처음 나간 적이 있다. 태어나서 한 번도 축구공을 만져보지 않은 학생들도 있었고, 팀의 대다수는 제대로 된 규칙조차 몰랐다. 남들이 하는 축구를 눈으로 보기만 했지, 실제로 경기를 해보려는 시도조차 하지 못했다고 했다. 아침 조회 시간 전, 점심시간, 방과 후, 저녁 시간 등을 활용하여 그런 학생들이 공과 친해질 수 있는 시간을 가졌다. 그 기간만 몇 개월이 걸렸다. 대회에 신청한 팀이 우리뿐이라 경기를 한 번도 치르지 않고 시 대표 자격을 얻었고, 제대로 된 전술을 가르쳐볼 틈 없이 전국 대회에 나가게 되었다. 첫 경기에서 많은 실점으로 패했다. 지금 생각하면 무모했다. 이겨야 하고, 이기고 싶었지만, 이기는 방법을 몰랐다.

다음 해에는 남학생들로 구성된 팀을 만들었다. 첫해의 실패를 기반으로 몇 년 동안 같은 종목을 준비했다. 해당 종목에 대한 규칙과 전술을 배우며 익혔고, 학생들의 장단점에 대해 알게 되었다. 그리고 대회에 나갈 때마다 자연스럽게 감독 교사가 해야 하는 일들에 익숙해졌다. 학생들도 나도 딱 한 번만 이기고 싶었다. 중학교 1학년부터 함께한 학생들이 2학년이 됐을 때 처음 무승부를 경험했고, 3학년이 된 해에는 세계를 휩쓴 감염병으로 모든 경기가 취소되기 전까지 지는 경기 없이 순항했다. 〈1승〉(2024)의 감독은 "이기면 피와 땀과 눈물이 달다"라고 했는데, 이 시기를 겪으면서 그 대사의 의미를 조금은 알 것도 같았다.

《손자병법》에는 "자신과 상대방의 상황에 대해 잘 알고 있으면 백 번 싸워도 위태로울 게 없으며, 적을 알지 못하고 나를 알면 한 번 이기고 한 번 지며, 적을 모르고 나를 모르면 싸움마다 반드시 위태롭다"라는 말이 나온다. 이는 스포츠에서도 잘 드러나는 문구이다. 처음 경기에 임할 때 본인 팀에 대한 이해와 상대에 대한 분석 없이 경기를 준비하면, 운이 따르거나 실력 차가 월등히 나지 않는 이상 지는 것을 피할 수 없다. 하지만 시간을 들어 본인 팀의 상황을 잘 이해하고 파악하게 되면, 이기는 경우도 생긴다. 여기에 상대 팀에 대한 분석까지 더하면 경기 상황에서 우위를 점할 수 있다.

프로 경기를 보면 상대 팀에 대해 분석하고 본인 팀의 전술을 어떻게 활용하느냐에 따라 시시각각 상황이 바뀌는 재미가 있다. 〈1승〉의 감독은 평생 믿음을 받고 응원을 받아본 적이 없는 선수들에게 이기는 방법을 알려 주겠다고 한다. 본인들이 어떤 선수인지 알게 되면 단지 1승이 아니라 100승도 할 수 있다며 선수들의 몇십 년 묵은 경기 스타일을 확 바꿔 버린다.

배구 경기를 볼 때 선수들의 포지션을 이해하고 보면 더 재미있다. 1승을 목말라하는 핑크 스톰의 감독은 센터로만 30년을 지낸 팀의 주장을 '센터(Center)' 위치로 바꾼다. 이 선수는 빠른 위치 선정, 상대 공격 타이밍을 읽는 능력, 뛰어난 점프력과 투지, 그리고 민첩한 사이드 스텝을 장점으로 가지고 있다. 감독은 이러한 장점을 가장 효과적으로 발휘할 수 있는 포지션이 '미들 블로커(Middle Blocker)'라고● 판단했다. 미들 블로커는 네트 앞에서 블로킹과 속공을 주로 시도하는 포지션으로, 성공적인 경기 운영을 위해서는 바로 이러한 능력들이 필수적이다.

감독은 또한 6년 내내 한 경기에도 뛰지 못한 선수의 성향과 자질을 알아보고 '세터(Setter)' 포지션을 제안한다. 세터는 공격을 세팅하는 선수로 배구 전체에 대한 이해가 필요하다. 로테이

●　　미들 블로커(Middle Blocker)의 예전 명칭은 센터(Center)였으며 미들 히터(Middle Hitter)라고 부르기도 한다.

선에 따라 수비도 해야 하고, 상대 팀 수비수의 움직임을 민감하게 살펴야 하며, 동료 공격수의 개인 기량과 컨디션 등을 알고 섬세하게 움직여야 한다. 소심하고 눈치 보는 것이 단점이라고 생각하는 선수에게 오히려 그런 성격이 이 포지션에서는 장점이 될 수 있다며, 지금 가지고 있는 이 단점이 없어지면 장점 역시 없어진다고 말한다.

팀마다 필요한 전력을 보강하기 위해 영입하고 방출하는 과정이 있다. 보통은 공격수로 외국인 용병을 영입하는데 구단주는 사진만 보고 '리베로(Libero)'를 영입한다. 리베로는 수비 전문 포지션으로 서브, 공격, 블로킹 모두 할 수 없고 오로지 수비만 가능한 포지션이다. 팀 내에 특수한 포지션으로 경기 중 유니폼 색상도 같은 팀 선수와 다르다. 서브를 넣을 수 없어서 로테이션하다 서브를 넣을 때는 다른 선수와 교체가 되기도 한다. 리베로는 후위에 있는 어떤 선수와도 교체가 가능하고 횟수의 제한도 없지만, 미들 블로커와 교체해서 들어갔으면 나올 때도 같은 미들 블로커와 교체해야 한다는 제한은 있다.

배구의 공격 라인에는 '윙 스파이커(Wing Spiker)'로 레프트와 라이트 포지션의 선수도 있다. 이 영화에서 감독은 레프트 공격수로 주로 뛰던 선수가 수비에는 취약하다는 점을 알아채고 라이트 포지션으로 변경한다. '아포짓 히터(Opposite Hitter)'는 라이트라고 불리고 위치상 수비에 가담하는 경우가 적어 주로 오른쪽 공격에만 집중한다. '아웃사이드 히터(Outside Hitter)' 포지션은 우리가 흔히 알고 있는 레프트 포지션이다. 공격은 물론 블로킹에 수비의 역할까지 해야 하는 포지션이다. 2명이 자리 잡으며 앞에 선 레프트는 공격과 블로킹을, 뒤에 선 레프트는 리셉션(reception)과 디그(dig)에 집중한다.[•] '아포짓 히터(Opposite Hitter)'는 라이트라고 불리고 위치상 수비에 가담하는 경우가 적어 주로 오른쪽 공격에만 집중한다. 영화의 감독은 이렇게 포지션을 바꾸고 팀을 재정비하여 처음으로 한 세트에서[••] 첫 승을 얻는다.

한 세트의 승리를 따냈지만, 아직도 갈 길은 멀었다. 팀의 아웃사이드 히터 포지션을 맡고 있는 선수는 팀에서 미운 오리 새끼처럼 외면당하고 있었다. 그 누구도 공격할 수 있도록 공을 올려주지 않고, 실수를 하면 곱지 않은 시선을 보냈다. 점수를 내고도 하이 파이브조차 나누지 못한 채, 팀 안에서 겉돌았다. 결국 팀은 패배를 거듭하고, 화가 난 감독은 선수들을 소집하여 이길 자격이 없다고 혼을 낸다. 이때 외톨이로 보내던 선수는

<hr>

[•] '리셉션'은 상대 팀 서브에 대한 수비, '디그'는 상대의 서브를 제외한 공에 대한 수비를 일컫는다.

[••] 배구 경기는 총 5세트로 진행되며, 먼저 3세트를 이기는 팀이 경기에서 승리한다.

다른 선수들에게 본인이 했던 지난 잘못을 진술하게 사과한다. 이후 팀의 분위기가 달라진다. 감독은 팀에 대한 이해와 선수의 장단점을 더욱 세세하게 파악하며 연습에 매진해 나갔다.

팀 정비는 마쳤고 이제 필요한 것은 다른 팀에 대한 분석이었다. 이기기 위해 전력 분석팀이 필요하다고 구단주에게 요청했지만 받아들여지지 않았다. 그러자 감독은 직접 전력 분석 프로그램 사용 방법을 익혀 상대의 공격과 수비를 분석하고, 이길 방법을 찾는다. 이동 공격이 좋은 상대 팀의 공격을 무력화하기 위해서 서브를 상대의 아포짓 히터 자리에 넣도록 연습했다. 그 자리에 넣으면 속공수가 들어오지 못해 결국 상대 팀은 C 속공 밖에 올릴 수 없다며 전술을 세웠다.[●] 리그 최하위 팀 간의 경기는 4세트 모두 듀스까지 가는 대접전이 벌어졌다. 마지막 5세트 매치 포인트를 앞두고 절호의 기회를 맞지만, 경기 중 감독의 판단 실수로 공을 받지 못해 1승의 문턱을 넘진 못했다.

시즌 마지막으로 경기할 팀은 리그 1위의 팀이었다. 이미 플레이오프 경기를 확정한 리그 1위의 입장에서는 최하위 팀과의

● 속공은 상대가 알아채기 전에 빠르게 공격하는 방법으로 세터와 공격수 거리에 따라 1m 이내에는 A 속공, 거리가 멀어질수록 B와 C를 붙여 속공 용어를 사용한다. 공을 높게 띄우면 스파이커들이 타격하는 가장 정석적인 공격인 C 속공의 경우, 공의 체공 시간이 상대적으로 길기 때문에 다른 속공 방법에 비해 수비 블로킹을 준비하는 데 상대적으로 쉬운 편이다.

경기에 주전 선수들을 출전시킬 필요가 없었다. 그런데 핑크 스톰 구단주는 마케팅 요소로 도발하여 상대의 주전 선수들을 모두 경기에 투입하게 만든다. 1승을 향한 마지막 결전을 앞두고 감독은 우리 팀과 상대 팀의 선수들을 정확히 파악하고 팀의 전략과 전술을 숙지했다. 나아가 상대 팀의 전력과 데이터까지 분석하여 상대의 허점과 작전을 역이용하며 경기를 끌고 나갔다. 핑크 스톰은 리그 경기를 진행하는 동안 한 세트도 잃지 않았던 리그 1위 팀을 상대로 치열한 접전을 벌였다. 선수들은 더욱 똘똘 뭉쳐지면서 단단해지는 모습을 보여 주었다.

영화 시작에 배구는 지름 20.5cm, 무게 270g, 최고속도 120km/h, 상대 코트 도달 시간 평균 0.5초, 이기고자 하는 사람에게 느껴지는 공의 무게와 속도는 우주와 같고, 그 무게와 속도를 이겨 낼 때 승리할 수 있는 그런 스포츠라고 말한다. 다른 스포츠 종목과는 달리 서로 부대끼거나 경기 시간을 질질 끄는 순간 없이 바로 올리고 때리고 막고 하는 순간들이 0.5초 만에 이루어진다. 배구 경기에 흥미가 없더라도 영화 후반부로 갈수록 랠리가 이어지는 롱테이크 장면에서 박진감과 현장감을 느낄 수 있고, 서브를 넣거나 스파이크를 때릴 때 배구공을 치는 찰진 소리에서 시원시원한 쾌감을 경험할 수 있다. 영화는 네트를 가운데 두고 벌어지는 양 팀의 승부를 숨막히게 끌어냈다고 하겠다.

영화 말미, 우리네 인생에 대한 인터뷰는 영화가 끝나도 기억에 남는다. "정상에 있으면 그 아래 절벽만 있다고 생각하지만, 내려와 보면 계곡도 있고 시내도 있다. 그 길을 걷다 보면 언젠가 다시 정상이 나온다." 실패와 좌절을 겪는 순간에는 일이 뜻대로 풀리지 않아 막막하고 힘들게 느껴지지만, 그 과정을 견뎌내다 보면 언젠가는 원하는 순간을 마주하게 된다. 매 순간 정상이 아니어도 단지 그 긴 인생에 단 한 번의 1승과 같은 일이 있었다면, 그리고 그 일을 이뤄감에 후회가 없었다면, 그것만으로도 값진 경험이라고 용기와 응원을 전한다.

기록보다는 기억 속에
영원한 선수
슈퍼스타 감사용

"너의 공을 던졌잖아.
그걸로 충분해."

하루하루 최선을 다해 살아가지만, 결과는 박수 대신 비교와 무관심뿐일 때가 있다. 영화 〈슈퍼스타 감사용〉(2004)은 그러한 보통의 자리에서 살아가는 우리를 위한 이야기다. 단 한 번도 에이스가 되어본 적 없는 한 인물이 자신의 자리에서 최선을 다해 걸어가는 삶을 통해 조용히 속삭인다. "누군가에게는 보이지 않았을지 몰라도, 너는 늘 충분히 잘해 왔어." 스스로 지금 무대의 중심이 아니라고 느낀다면 이 영화를 꼭 만나보길 바란다. 그것은 어쩌면 당신 안의 감사용이 말을 걸고 있는 순간일지도 모르니까.

도전의 가치를 삶과 연결하여 생각하게 만드는 작품인 이 영화는 1980년대 '삼미 슈퍼스타즈'에서 활약한 투수의 실화를 바탕으로 한다. 감사용은 팀에 왼손 투수가 한 명도 없다는 이유 하나로 1982년 창단되어 1985년에 사라진 프로 야구팀 삼미 슈퍼스타즈의 투수가 된다. 이름과는 달리 스타 선수 한 명 없는 삼미는 개막하자마자 꼴찌라는 불명예를 안게 되고, 감사용 역시 선발 등판 한 번 하지 못하고 '패전 처리 전문 투수'로 낙인찍힌다. 그는 팀에 패색이 짙어지면 패배를 매듭짓기 위해 나가는 마무리 투수, 상대팀이 삼사하다고 말하는 그저 그런 선수였다. 야구를 사랑하지만 2군을 전전하는 그를 사람들은 '만년 후보'라 비웃었고, 동료들조차 존중하지 않았다.

"그렇게 2군에서 버티면 뭐 하냐?"라는 비아냥에도 그는 흔들리지 않았다. 감사용에게 중요한 것은 남들이 규정하는 성공이 아니라 자신이 프로 선수라는 자부심을 잃지 않고 묵묵히 자신의 길을 걸어가는 것이기 때문이다. 그의 이런 진심은 조금씩 주변 사람들을 바꿔놓기 시작한다.

처음에는 비웃던 동료들도 점차 그를 응원하기 시작했다. 특히 배터리 파트너인 포수의 시선 변화는 인상 깊다. 감사용이 마운드에 오를 때 "오늘 진짜 다 같이 잘 해보자. 저 형이 그동안 얼마나 참고 버틴 건데"라며 진심으로 응원하고, 패전 처리로 등판하는 그에게 "오늘은 다 던지지 말고 부상 조심해"라며 걱정까지 한다. 한때는 조롱의 대상이었지만 이제는 함께 버티는 동료가 된 것이다. 감사용이 공을 잘 던져서가 아니라 자기 삶을 성실히 사랑하는 그의 태도가 사람들의 마음을 움직인 것이다. 마운드 위에서 보여 준 그의 진심이 결국 사람들의 인식을 바꾸고 진정한 존중을 끌어낸 것이다.

〈슈퍼스타 감사용〉은 한 인간을 결과만으로 평가할 수 없다는 교훈을 우리에게 던진다. 그는 패배를 겪어도 좌절하지 않았고, "내 공을 던졌잖아. 그걸로 된 거야"라면서 담담했다. 원하는 결과를 얻지 못할 수 있지만 시도하는 것 자체만으로도 의미가 있다. 많은 사람이 실패가 두려워 시도조차 하지 않지만 중요한 것은 도전하여 그 과정을 경험해 보고 느끼는 것이다. 우리는 승자를 주목하고 그들에게만 스포트라이트를 비춘다. 그러나 감사용은 끝까지 포기하지 않고 자신의 방식대로 야구를 사랑한다.

"승패를 넘어 과정의 가치를 소중히 여기는 것이 얼마나 중요한지를 전하고 싶었습니다"라는 영화감독의 말처럼, 감사용은 단순한 성공담이 아니라 실패 속에서도 자신의 길을 걸어가는 이들을 위한 헌사다. 아마 감독은 끝까지 승리하지 못하는 감사용을 통해 실패도 충분히 가치 있음을 알려 주고 싶은 의도가 아니었을까?

체육 수업을 하다 보면 수많은 감사용이 있다. 학습 속도가 느린 아이, 달리기가 느린 아이, 공을 던지면 자꾸 엉뚱한 곳으로 가는 아이, 넘어지는 아이. 나는 그런 학생들에게 "잘했어", "지난번의 너보다 지금 더 잘했다", "자세가 더 좋아졌다"라는 긍정적 피드백을 제공한다. 그러면 그 학생은 다음 수업에서도 변함없이 체육복을 잘 갖추고 웃으면서 인사한다. 그리고 다시 움직이고 도전한다. 그 모습은 감사용이 매번 홈런을 맞고 패전 투수가 되어도 흔들림 없이 다시 마운드에 올라가는 모습과 상통한다.

당장은 어줍게 보이는 그 학생들에게 이야기한다. "포기하지 않고 계속하는 것 자체가 진짜 잘하는 거야, 꾸준함이 곧 경쟁력이고 너의 진심을 누군가는 결국 알게 될 거야"라고 말이다. 이 한마디가 누군가에게는 용기가 되고 힘이 될 수 있기를, 더 나은 내일을 그려 나가는 데 도움이 되기를 바라는 마음이다.

실패를 반복하는 감사용을 보면서 '모소대나무'가 떠올랐다. 모소대나무는 정성을 들여 돌보아도 4년 동안 성장 없이 매우 더디게 자란다. 뭐 저런 나무가 있느냐면서 사람들의 비난과 무시를 받지만, 5년째부터는 30cm 이상 폭발적으로 성장하여 순식간에 울창한 대나무 숲을 만든다. 지난 4년은 잠시 멈춰 매듭을 만들고 자라는 과정을 수없이 반복하면서 땅속 깊이 뿌리를 내리는 시간이었던 것이다. 이것이 대나무가 쉽게 부러지지 않는 이유다.

우리의 삶도 그렇다. 항상 기쁘고 행복하면 좋겠으나 힘들고 어려운 일은 늘 찾아온다. 이런 과정을 참고 견디며 노력했음에도 좋은 결과가 따라오지 않을 때, 우리는 흔들린다. 가장 중요한 것은 무너진 자신을 최대한 이른 시간에 정상 궤도로 돌려놓는 힘을 갖는 것이다. 가라앉은 상태에서 오래 머물지 않는 것이 자신을 위한 길이다.

그러기 위해서는 첫 번째, 무슨 일이 있어도 자기 자신을 신뢰하고 믿어야 한다. 두 번째, 이 시간이 땅속 깊이 뿌리를 내리는 과정이고 이것을 견디면 자신에게 성장이 있을 것이라고 확신해야 한다. 마지막으로 충분히 쉬었다면 다시 우직하게 걸어 나가야 한다.

감사용이 패전 투수가 되는 장면으로 영화는 끝이 난다. 그는 거친 파도를 억지로 넘으려 하지 않았다. 힘을 빼고 묵묵히 자신의 자리를 지켰다. 넘을 수 있는 파도는 넘고 넘지 못할 파도 앞에서는 순리에 따르는 지혜, 그것이 진짜 강함이라는 것을 그는 삶으로 보여 준다. 누군가의 기준에 맞춘 삶이 아니라 자신의 방식으로 끝까지 공을 던진 사람. 그래서 그의 이야기는 오히려 더 큰 울림으로 다가온다. 거창한 성공담보다 실패 속에서 묵묵히 한 걸음 내딛는 삶이 우리에게는 더 익숙하고 따뜻하다.

조심스럽지만 꼭 나누고 싶은 이야기가 있다. 사람마다 인생의 길은 다르지만, 누구에게나 죽음이라는 공통된 종착지가 있다. 나는 어린 시절, 너무나 소중했던 사람을 먼저 먼 여행길로 떠나보낸 경험이 있다.

그 이별은 말로 형용할 수 없는 크기의 슬픔과 허망함을 남겼지만, 나에게 큰 변화를 주었다. 죽음에 대해 생각하는 빈도와 깊이가 달라졌으며, 이는 삶이라는 시간을 더 귀하게 바라보게 되는 것으로 이어졌다. 그 이후로 스스로에게 자주 묻는다. "그렇다면, 내가 걸어가는 이 길의 풍경은 어떻게 채워 가야 할까?" 이왕이면 조금 더 웃으며, 조금 더 즐겁게, 내가 객체가 아닌 주체가 되자고 생각하며 시간을 보낸다. 이러한 생각은 삶을 선택하는 기준이 되었으며, 넘어졌을 때 다시 일어설 힘이 되었다.

결국 우리가 남길 수 있는 것은 수치로 환산되는 성공이 아니라 묵묵히 걸어온 방향성과 그 속에 담긴 마음일지도 모른다. 그래서 우리가 모두 마지막 순간에 이렇게 말할 수 있기를 바란다. "참, 잘 살았다." 이 말 속의 '잘'은 많이 가지거나 앞서간 삶을 뜻하지 않는다. 비교에 흔들리지 않고 자신이 원하는 삶의 방향을 향해 한 걸음씩 걸어간, 그 단단하고 우직한 발자국에 건네는 깊은 인사이자 조용한 찬사다. 〈슈퍼스타 감사용〉은 그 조용한 진실을 담담하게 이야기해 준다. "너의 공을 던졌잖아. 넌 그걸로 된 거야."

서로의 존중과 선의의 경쟁에서
빛나는 다이아몬드

퍼펙트 게임

"일구일생(一球一生),
일구일사(一球一死)"

<퍼펙트 게임>(2011)은 우리나라의 최대 스포츠 가운데 하나인 야구와 함께 사회의 모습을 반영한 실화 기반 영화다. 스포츠가 정치를 위한 도구로 활용되던 1980년대를 배경으로, 최동원 선수와 선동열 선수의 선후배 간 상호 존중과 경쟁을 통해 팀과 우리 자신이 무엇을 위해 살아가는지, 어떻게 노력해야 하는지에 관하여 커다란 메시지를 남긴다. 또한, 야구라는 스포츠가 사회와 어떠한 관계가 있는지 살펴보는 좋은 계기를 마련해 준다.

영화의 장면을 소개하기 전에 우리나라에서 프로 야구가 시작된 배경을 살펴보자. 전두환 정권 아래 12·12 반란과 5·18 계엄령으로 사회 분위기가 뒤숭숭했던 시기, 정부는 시민의 불만을 다른 곳으로 돌리고자 하였다. 현재는 열 개 구단이 있지만, 1982년 개막 당시에는 다섯 개 구단만이 연고지를 배정받았다. 당시 야구는 단지 하나의 스포츠가 아니었다. 국민의 눈과 귀를 잠시 정치에서 떼어놓게 할 수 있는 치밀한 기획이자 체제 유지를 위한 수단이었다. 하지만 역설적으로 이 정치적 구도 속에서도 야구는 국민에게 열정과 희망을 안겨 주었다.

예전이나 지금이나 사람들은 왜 녹색 다이아몬드 위에서 펼쳐지는 야구에 열광하는 걸까? 나 역시 그 시절 야구에 매료된 아이 중 하나였다. 1982년, OB 베어스 어린이 클럽에 가입한 기억은 아직도 선명하다. 야구장마다 피어났던 각기 다른 응원 문화, 어린 마음에 일었던 그 흥분과 열정은 아직도 생생하다. 정치적 맥락을 몰랐던 그때, 우리는 야구를 통해 순수한 응원과 열정을 배웠다. 영화는 바로 그 시대의 분위기를 세심하게 재현한다.

영화는 1981년 대한민국 야구 국가대표팀이 캐나다에서 열린 국제 대회에 출전하는 장면으로 시작한다. 그곳에서 우리나라 불세출의 스타인 최동원은 캐나다를 상대로 9이닝 1피안타, 11탈삼진의 완투승을 거두는 압도적인 실력을 선보였다. 비록 퍼펙트 게임●은 놓치지만, 후배 선동열에게는 큰 꿈을 이루기 위한 자극제의 신호탄이었다. 그는 자신도 최동원 선배처럼 훌륭한 선수가 되겠노라 결심한다. 이 짧은 장면은 두 투수 간 경쟁의 시작이자 존경의 출발점을 보여 준다. 아쉽게도 최동원 선수에게 가장 기억에 남았을 경기인 1984년의 이야기는 이 영화에 빠져 있는데, 다행히 〈1984 최동원〉(2021)이라는 다큐멘터리 영화가 빈 곳을 채워 준다.

〈1984 최동원〉은 야구 개막식과 시위, 그 외 당시 사건이 겹치며 사회상을 보여 주는 장면으로 시작한다. 당시 한국 시리즈는 지금과 달리 전반기와 후반기 우승팀이 겨뤘었다. 영화는 1984

●　　　야구의 퍼펙트 게임은 한 투수가 단 한 주자도 출루시키지 않고 이긴 시합을 말한다.

년 전반기 우승팀 삼성과 후반기 우승팀 롯데의 7차전 경기를 자세하고 생생하게 전달한다. 지금은 고인이 되어 볼 수 없는 최동원 선수와 함께한 그 시대의 선수들, 코치, 감독의 인터뷰로 한국 시리즈를 분석하고 설명하는 영화다. 간략히 요약하면, 이때 최동원 선수는 7차전 중 다섯 번을 투수로 나와 4승 1패라는 대기록을 달성하고 MVP로 선정되었으며, '무쇠 팔 최동원'이라는 별칭을 얻었다. 최동원 선수는 7차전 전에 "나갈 수 있을 때까지 나가서 던지고 이겨야죠!"라는 열정과 투지를 보여준다. 그 누가 그의 열정을 이길 수 있을까?

〈퍼펙트 게임〉에는 최동원 선수가 어깨에 주사를 맞으며 경기에 나서는 장면이 등장한다. 자신을 혹사하는 모습처럼 보일 수도 있지만, 이는 단지 승리를 위한 희생이 아니라 '책임의 무게'를 견디는 모습이다. 또한, 기자의 질문에 "나는 누가 나오건 죽도록 던집니다. 내가 한물가든, 두물가든 끝까지 던집니다. 나한테는 그게 야구입니다. 내가 지든지 이기든지 내 게임은 내가 나갑니다. 내가 끝을 봅니다. 누가 뭐라 해도 최동원의 게임은 최동원이가 나간다고!"라며 자신의 역할과 책임감을 강조하는 장면도 있다. 이는 운동을 좋아하는 사람에게 큰 울림을 전달한다. 또한, 같은 팀 선수와의 솔직한 대화에서 "이제까지 내 잘나 살았는데, 피하면 이제 와 몸 사리면 그건 너무 치사한 거, 아이가?"라고 말하며 강한 의지와 책임감을 다시 강조하는 장면도 인상 깊다.

최동원 선수는 고등학교 때 감독이 혹독하게 훈련시킨 가르침을 새기며 지냈다. "투수 등 뒤에 서 있는 선수들은 투수 등만 보며 신뢰를 얻는다! 남들보다 백 배, 천 배 더 뛰어야 한다. 에이스는 외로운 거다. 일구일생(一球一生), 일구일사(一球一死), 공 하나에 죽고 공 하나에 산다. 그런 마음으로 던지면 언젠가는 빛이 나는 다이아몬드가 될 거다!" 투수는 팀의 중심이자 외로운 전사다. 하지만 그 외로움 속에서 빛나는 다이아몬드가 되는 법을 그는 누구보다 잘 알았다. 그때 감독님의 말씀이 최동원 선수를 성장하게 만든 원동력이 아닐까?

해태 소속으로 1986년 한국 시리즈에서 우승하고 MVP로 뽑힌 선동열 선수는 스스로의 다짐을 꼭 지키는 모습이 최동원과 닮았다. 1987년 봄, 여느 때와 같이 프로 야구가 개막했다. 특종을 잡아 판매 부수를 높이려는 대중 매체는 경쟁 심리를 유발하여 갈등을 극대화하고자 지역과 대학을 대비시키며, 야구를 '대립하는 사회의 축소판'처럼 이용했다. 이는 어떤 집단의 대표성을 띠는 스포츠팀을 정치적 도구로 사용하는 전형적인 방식으로, 지연과 학연이 정치에서 악용되는 모습을 고스란히 반영한다.

스포츠는 긍정적이든 부정적이든 사회적 일탈을 일으킨다. 최동원 선수가 1984년 한국시리즈 7차전 중 다섯 번을 등판하고, 1987년 해태와의 경기에서 200개 이상 무리하게 투구한 것을 '몰입'이라 할 수도 있겠지만, 사실은 평균을 벗어난 '일탈'일 것이다. 관중 문화와 관련한 일탈도 있다. 열성팬이 성난 군중으로 변하여 집단으로 일탈하기도 한다. 영화에서 야구장에 모인 수많은 관중이 지역에 매인 훌리건처럼 경기 성적에 따라 팀을 옹호하거나 비난하는 것은 우리 사회의 일면을 비추는 것 같다.

6회에 친구를 위해 '빈볼'을● 던지는 최동원 선수의 모습과 이에 따른 벤치 클리어링은 모두 '의례적 일탈'이다. 과격하지 않다면, 이는 팀의 사기가 저하되는 것을 방지하기 위한 목적으로 관용되고 있다. 근래에 와서는 투수가 실수로 빈볼을 던진 후에 모자를 벗고 타자에게 인사하는 모습을 볼 수 있다. '일탈'이 부정적 평가를 받지 않도록 스포츠의 방식이나 규칙도 변경할 필요가 있을 것이다.

영화 초반의 최동원 선수와 그 뒤를 이으려는 선동열 선수가 서로 상호 작용하는 모습은 경쟁을 뛰어넘어 존중과 성장의 의미

●　　빈볼(bean ball)은 투수가 의도적으로 타자의 머리를 향해 위협 투구하는 것이다. 콩(bean)은 타자의 머리를 의미한다.

를 다시금 생각하게 한다. 그렇다면 선수에게 경쟁 심리는 어떠한 작용을 할까? 당대 최고의 신예(新銳)인 선동열 선수는 감독에게 이렇게 청했다. "최동원 선수가 등판하면, 저를 그와 붙게 해주세요." 그는 경쟁을 피하지 않고 오히려 그 속에서 배움의 기회를 원했다. 그러나 감독은 그 부탁을 단호히 거절했다. 그 이유는 단순한 전략이 아니다. 감독은 선동열 선수에게 '최동원'이라는 이름이 담고 있는 무게를 일깨워 준다. 최동원 선수는 누구도 흉내 낼 수 없는 노력과 자기 어깨가 부스러지도록 끝까지 던지려는 투지, 팀이 한 점도 못 내고 지더라도 끝까지 던지고 스스로 패전 투수를 떠안는 마음가짐을 지니고 있었다. 감독의 거절은 바로 그것에 대한 존경의 의미를 담고 있다. 왜 감독은 선동열 선수에게 이런 말을 해준 것일까? 최고의 투수가 되려면 최동원 선수의 마음가짐을 본받아야 한다는 의미가 아니었을까.

두 선수에 초점이 맞추어진 영화 속 경기는 서로 쫓고 쫓기는 시간으로 가득하다. 클리어링 타임에 서로는 무슨 생각을 하는 걸까? 연장전으로 들어가면서 경기는 누가 정신력이 더 강한지를 확인하는 듯하다. 연장 15회까지 승부는 나지 않고, 결국 무승부로 경기가 끝나는 시점에서 두 선수는 200개 이상의 공을 던졌다. 경기가 종료되지만, 새 이닝으로 접어든 듯 아무런 생각 없이 마운드에 다시 오른 최동원 선수와 이 모습을 바라보는 선동열 선수. 모든 선수와 관중은 박수를 보낸다. 4시간 56분이 소요된 두 선수의 첫 맞대결은 이 둘의 삶에서 1승 1패 1무로 마침표를 찍는다.

그 당시 최동원 선수가 한국 야구의 자존심이라면, 선동열 선수는 한국 야구의 미래였다. 최동원 선수는 '무쇠 팔', 선동열 선수는 '고무 팔'이라는 별칭을 지니고 있었다. 사회적으로 어려운 환경에서도 야구라는 종목으로 서로를 만나고 존중하며 경쟁하는 모습은 하나의 다이아몬드로 빛을 발하기 위해 노력하는 우리의 모습과도 같다. 〈퍼펙트 게임〉은 그저 흥미를 끄는 라이벌전을 그린 영화가 아니다. 시대의 흐름, 정치의 속성, 그리고 인간의 의지와 책임감을 한데 엮어 낸 복합적 드라마다. 최동원과 선동열, 두 인물이 보여 준 것은 단순한 승부가 아니라 자기 자리에서 묵묵히 자신을 불태운 사람들의 이야기다. 우리도 이 둘을 닮아 강한 의지와 책임감을 조금씩 다져 가는 마음가짐이 가득하길 소망한다.

철저한 계획과 신념으로
편견의 세상에 별을 띄운 아버지
킹 리처드

"세상은 날 무시했지만,
너희는 존중받게 할 거야."

사람들은 테니스를 인내의 스포츠라 부른다. 원하는 만큼 실력이 향상되기가 아주 어렵기 때문이다. 그만큼 많은 시간과 노력이 필요하다. 나는 이제 막 초짜를 벗어난 테니스 동호인으로서 이 말의 의미를 절절히 느낀다. 거듭할수록 테니스의 멋진 매력에 깊게 빠져든다. 스트로크를 할 때 손까지 전달되는 느낌은 테니스에 매료되는 이유 중 하나다.

우연한 기회를 통해 대구 두류공원 내 4천 명을 수용할 수 있는 국제 경기장에서 테니스 경기를 관람한 적이 있다. 스포트라이트를 받으며 코트를 누비는 선수들은 마치 영화 속 주인공처럼 멋져 보였다. 선수들이 공을 칠 때마다 웅장한 타격 소리가 메아리치며 경기장을 흔들었다. 숨을 죽이고 경기를 바라보는 팬들의 가슴에 타구 소리가 울렁일 때, 테니스의 압도적인 매력을 처음으로 알게 되었다.

〈킹 리처드 King Richard〉(2022)는 비너스 윌리엄스와 세리나 윌리엄스를 세계적인 여자 테니스 스타로 길러낸 아버지 리처드 윌리엄스의 실제 이야기다. 오로지 능력과 실력으로 가치를 증명하기 위해 지혜롭게 인내의 시간을 견뎌낸 신념 강한 아버지가 주인공이다. 영화는 백인들의 전유물로 여겨졌던 테니스를 두 딸에게 가르치며 그가 겪었던 고통과 역경, 그리고 이를 극복해 나가는 과정을 보여 준다.

어느 날 경비원 리처드 윌리엄스는 우연히 여자 테니스 결승 경기를 보고 우승 상금액에 놀란다. 그날 밤, 아직 태어나지도 않은 두 딸을 테니스 스타로 키우기 위해 78페이지 분량의 계획을 세우기 시작했다. "세상은 날 무시했지만, 너희는 존중받게 할거야." 흑인을 차별하는 사회에서 그는 테니스를 통해 능력을 인정받아 부와 명예를 얻고, 가난이 자식에게 대물림되지 않길 바랐던 것이다.

아이가 태어나기도 전에, 무엇을 잘할지 혹은 어떤 분야에 재능이 있을지도 모른 채 무작정 테니스 챔피언이 되기 위한 계획을 세웠다고 하면 모두가 제정신이 아니라고 생각할 것이다. 더구나 한 명도 아닌 두 명의 테니스 챔피언을 만든다는 것은 마치 농구의 마이클 조던이 한 집에서 두 명 나오길 바라는 셈이었다. 그는 낡고 오래된 코트 한쪽에 두 딸이 볼 수 있도록 "계획을 세우지 못하면, 실패할 계획을 세우는 것이다(If you fail to plan, you plan to fail)"라는 표어를 걸어 놓는다.

필자는 이 영화를 볼 때, 아버지와 코치라는 두 가지 관점에서 리처드를 바라보았다. 아버지로서의 리처드는 딸들에게 성공보다 가족과 교육을 강조했다. 가족은 비너스와 세레나의 경기에 항상 동행했으며, 한 팀으로 하나 된 가족애를 보여 주었다. 가족은 혈연을 넘어 든든한 버팀목이자 지지자가 되어 주었고, 때로는 그들의 부족함을 감싸안아 주는 따뜻한 안식처가 되기도 했다.

또한 여느 부모와 같이 리처드는 학업을 중요시했다. 과제나 시험에서 A학점을 받지 못하면 테니스를 할 수 없다며, 교육의 중요성을 강조했다. 그는 흑인 여성이 차별받지 않기 위해서는 올바른 교육이 필요하다고 믿었다. 그 믿음은 두 딸에게 교육의 중요성을 깨닫게 하려는 리처드의 깊은 통찰력과 지혜를 보여 준다.

보통 어느 한 분야의 최고가 되기 위해서는 그 분야에 온전히 몰입하며 집중해야 한다. 하지만 리처드는 운동뿐만 아니라 교육의 중요성을 강조하면서, 딸들이 테니스 선수로서의 성공을 넘어 은퇴 이후의 삶까지 준비할 수 있게 도왔다. 불우한 유년 시절, 자신을 지켜 줄 아버지 없이 흑인 갱단의 모욕과 폭행을 견뎌야 했던 리처드. 그는 누구보다 잘 알고 있었다. 아이들이 그런 세상에서 자라지 않아야 한다는 것을. 그래서 그는 두 딸만큼은 빈민가를 벗어나 더 넓고 밝은 세상으로 나아가길 간절히 바랐다. 그 간절함 속에서 아버지의 깊고 따뜻한 사랑이 고스란히 전해진다. 우리 교육부도 학생 선수의 학습권을 보장하기 위해 최저 학력제를• 시행하고 있다. 기준에 도달을 못하거

• 학생 선수 최저 학력제 적용 대상은 초등 4~6학년 학생 및 중등·고등학생 선수다. 초등과 중등의 대상 과목은 국어, 영어, 수학, 사회, 과학이고, 고등은 국어, 영어, 사회 등(영어와 사회를 수학과 과학으로 대체 가능)이며, 평균 도달 기준은 초등 50%, 중등 40%, 고등 30%이다.

나 기초 학력 보장 프로그램을 이수하지 않으면 대회 참가도 불허한다. 학생 선수일지라도 밝고 빛나는 미래를 위해선 어느 정도의 교육이 반드시 필요하다는 것이다.

한편, 코치로서의 리처드는 테니스를 연구하며, 직접 공을 피딩(feeding)하는 것부터 시작해 기술의 역학적 원리까지 딸들에게 차근차근 설명해 준다. 비 오는 날에도 젖은 코트에 적응시키기 위해 훈련을 했고, 그로 인해 이웃에게 아동 학대로 신고당하기도 했다. 하지만 그의 열정과 신념은 꺾이지 않았다. 물론 그는 테니스 선수 출신이 아니기 때문에 한계가 있었다. 두 딸이 단지 테니스 유망주로 그치지 않고 프로로 진출하기 위해서는 더욱 전문적으로 훈련할 수 있는 장소와 코치가 필요했다.

마침내 비너스의 재능을 알아본 전문 테니스 코치가 생기면서 본격적인 훈련에 돌입하게 된다. 하지만 코치와 리처드의 의견이 엇갈린다. 공을 치는 발의 위치를* 두고 코치와 리처드 사이에 팽팽한 긴장감이 흘렀다. 리처드는 비너스가 잘하고 있는 것을 굳이 바꿀 필요가 없다고 생각했다. 지도자의 철학을 선수에게 강요하는 경우가 많지만, 리처드는 달랐다. 기존의 이론대로

---

* 테니스에서 공을 치는 양쪽 발의 위치를 스탠스(stance)라고 하며, 어깨너비 또는 그보다 조금 넓게 한다. 양발의 위치에 따라 '클로즈', '오픈' 그리고 이 둘을 절충한 '뉴트럴' 스탠스가 있다.

따라가지 않고 비너스가 잘하는 것을 더 잘할 수 있게 도우려한 것이다.

두 딸은 주니어 대회에 참가해서 연승을 기록하고 우승까지 한다. 그런데 딸들이 패배한 상대 선수를 비웃는 모습을 보자, 그는 허풍을 떨지 말라며 크게 나무라며 가르쳤다. "시합에서 경쟁을 하면서 겸손하지 않으면 시합을 할 수 없다." 고집스러운 면이 있지만, 리처드는 선수로서 가장 먼저 갖춰야 할 덕목으로 '겸손'을 강조했다. 이런 그의 신념은 스포츠에 임하는 많은 선수와 지도자들에게 깊은 울림을 준다.

리처드는 주니어 대회에서 승승장구하며 우승하던 유망주가 마약을 복용한 혐의로 체포된 뉴스를 보고 두 딸의 훈련을 중단한다. 오랫동안 쉬지 않고 계속된 경기(대회)와 또래 유망주들의 일탈로 정신적 탈진 상태에 이른 딸들이 이대로 계속 경쟁하는 것이 빈민가에서 사는 것보다 못하다고 생각했기 때문이다. 후원사의 압박을 물리치고 3년 동안 두 딸을 주니어 대회에 참가시키지 않자 이를 둘러싼 소문과 비난이 무성했지만, 끄떡하지 않았다. 정신적으로 단단하지 않은 상태에서 딸들이 내몰리지 않도록 철저히 경계한 것이다.

하지만, 출전이 장기간 미뤄지면서, 대회에 나가고 싶은 딸들과 갈등이 생긴다. 비너스는 리처드에게 증명해 보일 기회를 달라고 했다. 고집불통처럼 보이던 리처드도 딸의 말을 진지하게 받아들이고 각인시켰다. "넌 이 세상의 모든 흑인 여자아이를 대표하는 거야." 코치로서의 리처드는 딸의 성공을 확신하면서도, 흑인 여자 선수를 바라보는 세상의 편견 때문에 받을 상처까지 걱정한 것이다.

비너스는 첫 프로 무대에 오르면서 300만 달러(한화 약 390억 원)에 이르는 초대형 스폰서의 제안을 받는다. 하지만 이를 단숨에 거절하고 더 큰 포부를 밝혔다. "내가 할 수 있는 걸 보여 주고 싶어요." 그녀는 단지 스타로만 부각되지 않는 자기만의 다른 모습을 보여 주고 싶었던 것으로 보인다. 지금까지 아버지에게 배운 것처럼 흑인에 대한 편견을 불식시키는, 항상 겸손하며 교양을 겸비한 스타의 모습으로 비치고 싶은 것이 아니었을까.

언니 비너스를 부럽게 바라보는 동생 세레나의 마음을 꿰뚫고 있던 리처드는, 마치 비밀을 털어놓듯 조용히 말을 꺼냈다. "네 언니는 세계 1위의 선수가 될 거야. 틀림없어! 하지만 넌 최고가 될 거야! 너는 역사상 가장 위대한 선수가 될 거야." 어떻게 일어나지도 않은 일을 확신하며 말할 수 있었을까? 리처드는 세레나에게 어떤 강점이 있는지를 정확히 알고 있었다. 세레나는 거친 듯 침착했고, 강한 듯 유연했다. 리처드는 두 딸의 다른 성향까지 면밀히 파악한 코치이자 아버지였다.

열네 살인 비너스는 프랑스 오픈과 US 오픈 챔피언이자 가장 강하다고 인정받는 선수를 상대로 예상을 뒤집고 앞서나갔다. 리듬 체조와 피겨 스케이팅과 같은 경기에서는 어린 선수들이 더 뛰어난 경우를 자주 볼 수 있지만, 힘과 체력을 바탕으로 하는 테니스 경기에서는 보기 드문 일이다. 그러나 결국 상대가 노련하게 경기를 지연시키며 흐름을 끊었고, 비너스는 패하고 만다. 시합 후 대기실에서 혼자 울고 있는 딸에게 리처드는 말했다. "만약 지금 너 자신을 존중하지 않는다면 절대로 다시는 존중할 수 없다." 그러고는 비너스의 라켓 가방을 들어주지만, 비너스는 곧장 가방을 달라고 말한다. 이 장면은 경기에 대한 책임과 미래에 대한 비장한 각오를 보여 준다.

밖으로 나오자, 비너스를 기다리는 흑인 여자아이들이 열광하며 그녀의 이름을 외쳤다. 비너스와 세레나는 그들의 밝은 미래였다. 흑인은 범죄와 연결된다는 사회적 편견에 상처받고 좌절하던 아이들이, 공부를 통해 점차 자신의 가능성을 발견하며 훌륭한 테니스 선수를 꿈꿀 수 있게 된 것이다. 이후 비너스는 윔블던과 US 오픈에서 새로운 역사를 썼다. 그리고 리처드의 말대로 세레나는 비너스를 뛰어넘었다.

이 영화는 세상의 관념으로부터 탈피하는 게 얼마나 어려운 길인지도 보여 준다. 한편, 부모의 노력으로 자녀들의 삶이 어떻게 달라질 수 있는지도 보여 준다. 비너스와 세레나가 이룬 성취는 곧 당시 사회에 대한 외침이다. 특정 계층에 한정되어 있던 테니스를 통해, 차별의 벽을 허물고 기회의 폭을 넓힐 수 있음을 보여 준다.

우리는 실력 없이는 쉽게 입지를 다지기 어려운 치열한 경쟁 사회에서 살아가고 있다. 그래서 개인주의가 팽배하고, 때로는 불법적인 일도 정당화되고는 한다. 스포츠는 하나의 작은 사회와 같아서, 때로는 경제와 정치의 도구로 활용되기도 한다. 그러나 그 본질은 순수하고 공정한 경쟁이 만들어 내는 아름다움 그 자체라 할 수 있다.

스포츠는 누구에게나 공평하고, 어떤 누구도 차별하지 않는다. 이것이 스포츠가 가진 힘이다. 리처드는 스포츠가 가진 이 힘을 믿었고, 두 딸은 그 힘이 사실이라는 것을 세상에 증명하였다. 리처드는 두 딸에게 '계획'을 항상 강조했다. 목표가 방향이라면, 계획은 그를 달성하기 위한 구체적인 행동이다. 〈킹 리처드〉를 통해 다시 한번 계획의 중요성을 실감한다.

승리보다 삶을 가르치다

코치 카터

우리는 일상 속 크고 작은 도전 앞에서 '나는 안 될 것 같아' 하며 물러서는 경우가 있다. 스스로에 대한 확신이 부족한 상태에서는 원하는 결과를 얻기 힘들다. 많은 경우, 우리가 실패하는 이유는 능력이 부족해서가 아니라 우리 안에 존재하는 가능성을 스스로 믿지 못하기 때문이다. 〈코치 카터 Coach Carter〉(2005)는 이러한 믿음이 얼마나 중요한지를 보여 준다. 자신이 충분히 강하고 해낼 수 있다는 믿음을 학생들 마음속에 심어 주고 끌어내 주는 지도자의 단단한 신념, 그리고 그것이 학생들 각자의 삶을 변화시켜 가는 과정을 생생하게 담아낸다. 실존 인물인 켄 카터(Ken Carter)를 모델로 만든 이 미국 스포츠 농구 영화는, 경기 장면이나 화려한 전술 구사보다는 학생인 선수들을 인간으로서 성장시키는 교육적 관점에서 이야기를 풀어 간다.

리치먼드 고등학교가 위치한 지역은 범죄율이 높고 저소득층 가정이 밀집한 곳으로 교육 환경 역시 열악했다. 카터는 과거 이 학교의 농구부 스타 선수였으며, 졸업 후에는 대학 농구 선수로 활약했다. 그는 모교 농구부의 부진을 극복하기 위해 코치 제안을 받아들였으며, 목표는 방황하며 미래를 꿈꾸지 못하는 농구부 학생들을 무사히 졸업시켜 대학에 진학토록 하는 것이었다. 그러나 학교 수업에는 관심 없고 그저 농구하러 학교에 오는 선수들에게, 대학 진학을 위해 성적을 내야 한다는 카터의 말은 와닿지 않았다.

카터는 학생 선수와 학부모에게 농구부 활동을 계속하기 위해서는 본인과 계약서를 작성해야 한다고 말한다. 작성된 계약서는 운동과 훈련 규칙에 관한 내용이 아니라 일정 수준 이상의 교과 수업 성적, 성실한 수업 참여, 운동복이 아닌 정장 착용 등 학업과 태도 그리고 책임감에 관한 내용을 담고 있었다. "농구 코치의 의무는 시합에서 이기는 것이니 본분에 충실하라"라는 교장을 포함해, 모두가 코치의 계약 내용에 의문을 표했다. 학교에서 교육을 담당하는 교사들조차 그들의 학업과 성적, 출석에 관심이 없었다. 팀에 속해 있는 학생들이 농구를 위해 학교에 나오기만 해도 다행이라 생각할 뿐, 그 이상을 바라진 않았다.

몇몇 학생은 계약서 내용을 이행하기 시작하고 얼마 안 되어 농구부를 떠나 버린다. 하지만 이를 받아들인 남은 선수들은 묵묵히 훈련과 학업을 병행해 나가기 시작했다. 체력 훈련과 전술 훈련의 강도가 더해 가고, 팀워크가 좋아지며 연달은 승리도 맛본다. 팀을 떠나서도 이를 지켜보던 한 선수는 결심하고 훈련 중인 팀을 찾아온다. 하지만 카터는 쉽게 받아들이지 않고 혼자서는 절대 이루지 못할 과제를 준다. 과제 완료 기한 마지막 날, 끝까지 과제를 완료하려고 하지만 다할 수 없어 포기할 무렵 동료들이 거들겠다고 나선다. 이는 '한 팀'이라는 개념이 희미했던 리치먼드 고등학교 농구팀의 팀워크가 하나로 뭉쳐 탄탄해

지는 계기가 된다. 다시 합류한 선수는 이 사건을 통해 행동에는 책임이 따른다는 것을 깨닫고, 부족한 점을 함께 메워 준 팀원들에게 고마움을 느낀다. 농구 종목은 개인적인 기량도 중요하지만, 무엇보다도 팀워크가 중요한 팀 스포츠다. 팀워크가 탄탄한 팀은 쉽게 무너지지 않는다.

영화 전반에 걸쳐 코치와 학생 선수가 계약을 이행하는 과정에서 많은 갈등이 빚어진다. 이 갈등은 무패 행진이 계속되고 팀이 우승도 바라볼 수 있다고 생각할 때 폭발한다. 코치가 학생들의 학업 성적표를 받아 보니, 계약 사항을 잘 이행한 팀원도 있지만 미진한 선수들이 더 많았다. 카터는 모두가 계약 사항을 충족할 때까지 체육관을 걸어 잠가 버린다. 우리는 한 팀이란 것이었다. 훈련도 시합도 나가지 못하는 상황에 학생, 학교, 학부모, 지역사회 모두가 강하게 반발한다.

여기서 학교를 대표하는 교장이 하는 말에 주목할 필요가 있다. 교장은 카터를 찾아가 왜 학생들 인생에서 그나마 성공한 농구를 빼앗냐고, 그 누구도 그들이 대학에 갈 거라 기대하지 않는데 왜 이렇게까지 하냐고 따진다. 카터는 교장에게 "일부 아이들에게 이 농구 시즌이 인생의 하이라이트가 될 거라는 걸 알지만 그렇게 생각하고 있는 것 자체가 문제다"라고 답한다. 카터는 교육자로서, 인생을 조금 더 살아온 사람으로서, 학생들과 대화하거나 가르칠 때면 언제나 희망을 주려고 했다. 학생들의 미래가 더 나은 삶이 될 수 있도록 도우려 한 것이다.

교장과 교사 입장에서는 농구하는 학생들이 학교 체육관에 나와 운동하고 대회에서 성과를 내는 것만으로 충분하다고 생각했다. 하지만 카터의 생각은 달랐다. 그는 학생들에게 "재학생의 절반만 졸업하고 그 가운데 6%만 대학에 진학하며, 이 지역의 18~24세의 흑인 남자들의 33%가 구속된다는 점"을 들며, "본인 인생을 돌아보고 부모의 인생을 보고 난 후, 더 나은 인생을 원한다면 도서관에서 만나자"라고 말한다. 카터는 농구 선수인 이 학생들이 미래를 살아갈 수 있도록 자신의 모든 것을 걸고 교훈을 주려 했다.

성적이 기준에 도달할 때까지 체육관을 계속 걸어 잠가버리자, 연이어 몰수패를 당하는 것을 볼 수 없었던 학부모들과 지역 주민들이 위원회를 연다. 카터는 지금 폐쇄 조치를 끝내는 건 계약을 지킬 필요가 없다고 가르치는 것과 같다고, 이를 배운 학생들이 사회에 나가 법을 어기는 것을 얼마나 쉽게 여길지 생각해 보라고 한다. 학부모와 지역 주민들은 잠시 흔들렸지만, 그들이 살아왔던 환경에 젖어 생각을 바꾸진 못한다. 결국 폐쇄 조치를 끝내는 결정이 내려진다.

카터는 코치직 사퇴를 결심하고 자리를 정리하려 자물쇠가 끊긴 체육관에 들어간다. 체육관은 열려 있었지만, 농구공이 튕기는 소리는 들리지 않았다. 놀랍게도 학생 선수들이 책상을 가져다 놓고 공부를 하고 있었다. 그들은 카터가 그동안 보인 믿음과 가르침을 온전히 받아들이고, 스스로 변하기로 결심했던 것이다.

영화 초반에 카터는 팀에 재합류한 선수에게 이런 질문을 한다. "너의 가장 큰 두려움은 무엇이냐?" 생소한 질문을 받은 선수는 무슨 소리인지 황당해한다. 하지만 마지막에 이렇게 대답한다. "우리의 가장 큰 두려움은 무력감이 아니라, 스스로도 가늠할 수 없을 만큼 큰 우리의 힘입니다. 우리를 진정으로 두렵게 하는 것은 어둠이 아니라, 우리 안에 있는 빛입니다. 우리는 각자 빛을 낼 수 있고, 자신의 빛을 드러낼 때 주변 사람들도 자연스럽게 자신만의 빛을 밝히게 됩니다." 그리고 카터에게 진심으로 감사함을 전한다.

결국 그들은 코치와 계약한 모든 사항을 이행하고 주 토너먼트 대회에 진출한다. 경기의 결과는 그들이 원하는 대로 이뤄지지 않았지만, 사람들은 포기하지 않고 챔피언처럼 싸워 자신과의 승부를 이겨 낸 그들에게 '승패를 넘어 내일 스포츠 신문 1면 기사를 훨씬 능가하는 것'을 얻었다며 박수를 보냈다.

카터는 학생들에게 단순히 농구를 잘하는 방법만 가르치지 않았다. 단호하고 매정하게 규칙을 적용하는 듯 보이지만, 어둡기만 했던 그들의 미래에 더 나은 삶을 가져다주고 싶은 마음이 선수 한 명 한 명에게 전하는 말과 행동에 녹아 있었다. 학생들이 더 나아질 수 있는 무한한 가능성을 지닌 존재라 생각하며, 스스로를 믿지 못한 채 방황하는 학생들이 자신의 내면을 들여다보며 꿈을 현실로 실현할 수 있도록 도왔다. 고등학교 졸업부터 삶의 내리막길이 시작되지 않도록, 대학에 진학해 그들 인생의 오르막길이 시작될 수 있도록 바로 설 수 있게 해주려 했다.

엘리트 스포츠에서 성공하는 선수로 살아남기는 쉽지 않다. 이 영화도 팀 선수들이 모두 농구 선수로 성공하는 모습을 보여 주진 않는다. 스포츠와 학업의 균형, 자신들이 겪은 성공과 실패의 경험, 그로부터 배운 삶의 태도와 성취 및 이를 위해 노력하는 방법이야말로 그들이 인생을 선택하는 데 있어 중심이 될 것이다. 카터의 가르침은 영화를 보는 우리도 스스로 빛을 발하게 하고, 저절로 다른 사람들에게 그 빛을 전하게 할지도 모를 일이다.

제3부

'우리'가 함께라면
그 무엇도 할 수 있어!

한 소년의 인생을
바꾼 사랑과 배려

블라인드 사이드

"그 아이가 제 인생을
바꾸고 있어요."

가족이란 단순히 함께 살아가는 사람들이 아니라, 서로를 지탱하고 응원하며 삶을 만들어 가는 가장 소중한 존재들이다. 우리는 때때로 가족의 사랑을 당연하게 여기지만, 그 속에는 보이지 않는 헌신과 희생, 그리고 깊은 유대가 깃들어 있다. 가족의 사랑은 단순한 감정이 아니라, 어려움 속에서도 서로를 지켜 주고 힘이 되는 강력한 원동력이다.

실화를 바탕으로 한 〈블라인드 사이드 The Blind Side〉(2010)는[•] 가족의 사랑과 소중함을 그린 감동적인 이야기이다. 거리를 떠돌던 한 소년이 새로운 가족의 품 안에서 자신의 가능성을 발견하고 성장해 나가는 과정을 통해, 가족이란 무엇이며 사랑이 사람의 인생에 얼마나 큰 영향을 미칠 수 있는지를 다시금 일깨워 준다. 이처럼 가족의 사랑은 단순한 말이나 형식적인 관계를 넘어 한 사람의 인생을 바꾸고 희망을 만들어 가는 가장 아름다운 힘이다.

롯데 자이언츠의 전설적인 타자로 명성을 날린 이대호 선수의 성장기는 한 편의 잔잔한 휴먼 드라마를 떠올리게 한다. 세 살 때 아버지를 여의고 어머니는 재가의 길을 택한 이후, 그는 할머니의 손에 자랐다. 할머니는 이대호에게 단순한 보호자가 아닌 삶의 길잡이이자 부모의 빈자리를 채워준 존재였다. 넉넉지 못한 형편 속에서도 할머니는 손자의 야구 꿈이 꺾이지 않도록 기꺼이 헌신했고, 그 사랑은 이대호의 내면 깊은 곳에 뿌리내렸다. 그는 오랜 세월이 지난 지금도 여전히 할머니와의 추억을 마음속에 품고 살아간다. 특히, 어린 시절에 햄버거 하나 사드리지 못한 기억은 마음속 깊이 미안함으로 남아 그에게 평생의 그리움이 되었다. 이대호 선수는 종종 말한다. "나는 할머니를 위해 살아왔다." 그의 말처럼, 오늘날 그가 이룬 모든 영광의 배경에는 할머니의 비범한 사랑과 희생이 자리한다. 이대호의 삶은 단지 야구 선수로서의 성공을 넘어 가족이라는 이름의 깊은 뿌리와 따뜻한 헌신이 만든 기적의 서사이기도 하다.

'빅 마이크'라는 별명을 가진 17살 소년 마이클. 또래보다 훨씬 덩치가 크고 건장해 보였지만, 그의 삶은 거대한 몸집과는 다르게 언제나 불안정했다. 아버지는 오래전 집을 나갔고, 마약 중독인 어머니와는 일곱 살 때 강제로 분리되어 여러 가정을 전전하며 살아왔다. 한 집에서 다른 집으로, 한 학교에서 또 다른 학교로, 언제든 떠나야 했고 어디에도 제대로 머무를 수 없었다. 사람들은 그의 크고 강한 겉모습만 보지만, 그 안에는 세상에 홀로 남겨진 외로움과 불안이 가득 차 있었다.

마이클의 친구 아버지는 고민 끝에 기독교 학교의 풋볼 코치를 만나 자신의 아들과 마이클의 입학을 간곡히 부탁했다. 개학이 일주일밖에 남지 않은 상황에서 코치는 난처한 표정을 지었지만, 마이클이 운동하는 모습을 보고는 눈빛이 달라졌다. 코치의 도움으로 우여곡절 끝에 입학한 마이클은 낯선 분위기, 자신을 쉽게 받아들이지 않는 친구들, 뒤처지는 수업, 어디에도 낄 수 없다는 생각에 외로움이 커 갔다. 설상가상으로 그를 돌봐주던 친구의 아버지마저 더 이상 마이클을 돌볼 수 없는 상황에 처했다. 의지할 곳도 기댈 사람도 없던 마이클은 홀로 남겨진 외로움 속에서 힘겨운 시간을 보낸다.

쌀쌀한 어느 날 저녁, 마이클은 얇은 옷차림에 몸을 잔뜩 웅크린 채 차가운 바람을 온몸으로 맞으며 걷고 있었다. 길을 지나던 투오이 가족의 눈에 거리의 불빛들 사이로 홀로 걸어가는 마이클의 모습이 들어온다. 투오이 가족의 엄마 리앤은 차에서 내려 조심스럽게 물었다. "이렇게 추운 밤에 어디 가는 거니?" 마이클은 잠시 머뭇거리더니 작게 중얼거렸다. "체육관요." 그 짧은 대답에 무언가를 직감한 그녀는 주저 없이 마이클을 차에 태웠고, 집으로 데려와 따뜻한 소파를 잠자리로 내주었다.

다음 날 아침, 소파에는 깔끔하게 정돈된 침구만 남아 있었다. 멀리서 마이클의 뒷모습을 발견한 리앤은 물었다. "어디 가니?" 멈춰 선 마이클은 대답했다. "모르겠어요." 리앤은 미소를 지으며 부드럽게 말했다. "오늘은 추수 감사절이잖니. 가족이랑 보낼 거니?" 리앤은 말이 없는 마이클을 다시 집으로 데려왔다. 그 하룻밤의 인연은 단순한 동정심을 넘어, 서로의 삶을 바꾸는 운명적인 만남이 되었다. 이후 리앤과 그녀의 가족은 마이클을 진정한 가족으로 받아들이고, 법적 보호자가 되기로 결심한다. 수소문 끝에 친모를 만나 마이클을 향한 진심을 전하기도 했다. 친모의 눈에는 여전히 아들에 대한 미안함과 사랑이 서려 있었다.

리앤은 마이클의 학교 생활에 대해 알아보던 중, 그가 대부분의 적성검사에서 부진한 점수를 받았지만 보호 본능에서는 아주 높은 점수를 받았다는 사실을 확인하게 된다. 마이클은 풋볼 팀에 들어갔지만, 과거의 힘든 경험, 남을 다치게 하기 싫은 그의 성향 때문에 상대 선수를 밀치거나 자신의 큰 체격을 활용하는 걸 주저했다. 이를 본 리앤은 쿼터백과 테일백을* 보호하는 것이 팀에서 해야 할 역할이라며, 가족을 지키듯 팀을 보호하라고 조언해 주었다.

<hr>

* 쿼터백은 공격을 지휘하는 핵심 역할을 한다. 테일백은 러닝백이라고도 부르며, 스피드가 빨라 주로 러닝 플레이를 한다.

다른 학교 풋볼 팀과의 친선 경기. 상대 팀은 덩치만 크고 소극적인 마이클의 플레이를 조롱하듯 비웃었다. 이런 비신사적인 행동에 마이클의 코치는 심판을 향해 "내 선수란 말이요, 내 선수! 내 선수는 내가 지킬 거요"라고 외쳤다. 코치가 하는 말을 들은 마이클은 "팀은 가족이다"라는 리앤의 말을 떠올렸다. 이후부터는 상대 선수를 강하게 밀어붙이며 괴력을 발휘해 팀의 승리에 기여한다. 마이클은 대학 리그에서 뛸 만큼의 실력을 쌓지만, 낙제점에 가까운 성적을 졸업 기준에 맞게 끌어올려야만 진학할 수 있음을 알게 된다. 이에 가족들은 그의 학업을 적극적으로 지원했다.

공부하는 학생 운동선수는 학업과 운동을 균형 있게 병행하며 성장하는 학생 선수를 의미한다. 과거에는 운동에만 집중하고 학업을 소홀히 하는 경향이 있었지만, 최근에는 전인적 성장과 진로의 다양성이 강조되면서 공부하는 학생 운동선수의 중요성이 더욱 부각되고 있다. 그러나 실제 학교 현장에서 전문 엘리트 선수들을 지도하고 육성하는 과정은 결코 쉽지 않다. 정규 수업을 마친 오후 4시 30분부터 저녁 9시 30분까지 고강도의 훈련을 하고, 팀 훈련 이후에는 개인별로 부족한 부분을 보완하는 개인 훈련과 체력 강화 운동까지 추가하는 경우가 대부분이다. 이처럼 하루의 대부분을 운동에 쏟은 뒤, 다음날 이른 아침 다시 교실에 앉아 책을 펴는 일은 정신력만으로 감당하기 어려운 현실이다. 무거운 몸과 덮이는 눈꺼풀을 억지로 떼며 수업에 임하는 학생들을 안타까움과 연민으로 바라보게 된다.

마이클은 가족의 지원과 많은 노력 끝에 졸업 기준을 충족하고 자신이 원하는 대학교에 진학할 수 있게 된다. 이 과정에서 외부의 영향으로 가족애의 진정성에 의심을 품기도 하지만, 한동안 가족과 떨어져 지내며 자신이 정말로 원하는 것을 되돌아보고 가족의 사랑과 신뢰를 깨닫게 된다.

영화는 주인공의 실제 모델인 마이클 오어(Michael Oher)가● NFL 드래프트 1라운드에 지명되어 프로 무대를 누비는 모습으로 마무리된다. 이는 단순한 성공 신화를 넘어, 한 사람의 인생을 바꾸고 희망을 만들어 가는 가족의 사랑이 만든 기적의 서사이다.

가족이란 단순히 혈연으로 이루어진 관계가 아니다. 서로를 지지하고 보듬으며 함께 성장하는 유대 그 자체이다. 우리가 태어나면서 자연스럽게 주어진 관계일 수도 있지만, 때로는 삶 속에서 서로를 선택하며 만들어지는 관계이기도 하다. 가족의 존재

● 　그는 공격 라인 바깥쪽에서 쿼터백을 노리는 수비수를 막는 '오펜시브 태클' 포지션에서 활약하었다.

는 한 사람의 인생을 바꿀 만큼 강력한 영향을 미치고, 그 사랑
과 헌신은 때로 예상치 못한 변화를 가져온다.

〈블라인드 사이드〉는 우리에게 묻는다. 가족이란 무엇인가? 영
화는 혈연으로 맺어진 관계를 넘어, 서로를 진심으로 아끼고 지
지하는 유대 그 자체가 바로 가족이라고 말한다. 힘든 시절을
보내던 한 소년이 따뜻한 관심과 사랑을 통해 자신의 꿈을 펼쳐
나가는 이 이야기는, 우리 곁에 있는 가족의 소중함을 되새기게
하며 깊은 감동과 울림을 선사한다.

속도를 내려놓고 마음을 맞추는
따뜻한 동행
땡큐, 대디

"우리 둘이라면
해낼 수 있어!"

몇 해 전, 휠체어를 사용하는 학생이 신입생으로 입학했다. 수업과 평가에 제약이 있으리라 예상을 할 수 있기에 선뜻 그 반을 담당하기는 어려웠다. 그럼에도 나는 자원해서 그 반을 맡았고 1년만 해도 되는 것을 3년을 이어 갔다. 학기마다 수업과 평가 방식을 새롭게 고민해야 했고 도우미 학생을 선정해 협력해야 하는 일도 만만치 않았다. 특히 움직임이 중심이 되는 체육 수업에서는 매 순간이 도전이었다. 그럼에도 끝까지 포기하지 않았던 이유는 그 학생이 소외감을 느끼지 않길 바랐고 함께한다는 따뜻함을 전하고 싶었기 때문이다.

그래서 수업을 설계할 때마다 '어떻게 하면 모두가 함께할 수 있을까?'를 깊이 고민했다. 이를 위해서 다른 학생들의 이해와 공감이 필요했으며, 나아가 휠체어를 탄 학생이 너무 부담스럽지 않게 접근해야 했다. 그러한 수업을 하면서 3년이 흘러 졸업을 앞두고 나눈 짧은 대화는 지금도 기억에 오래 남는다.

"합격 축하해! 서울로 학교 갔으니 지하철 타고 다니니?" 걱정스러운 질문을 듣고 그 학생은 잠시 웃으며 답했다. "해봐야죠. 뭐, 어떻게든 되지 않겠어요? 3년 동안 체육 수업도 다 했는데요." 그리고 잠시 멈춘 뒤 덧붙였다. "중학교 때까진 그냥 한쪽 구석에서 구경만 했거든요. 근데 선생님은 늘 함께할 수 있게 수업을 만들어 주셨잖아요. 이제 와서 말씀드리지만 3년 동안 계속 신경 써주서서 정말 감사했어요."

돌아보니 이 학생은 늘 "해봐야죠, 한번 해볼게요"라는 태도로 응답했고 실패해도 그것을 특별하게 여기지 않았다. 실패도 삶의 일부라는 듯 담담하게 받아들였다. 쉽게 동요하지 않고 자기 삶의 중심을 단단히 잡은 아이였다. 짧은 대화 속에서 길고 큰 울림을 느꼈고, 주어진 환경을 담담하게 받아들이는 삶에 대한 그의 태도를 배웠다. 나는 현재 교육 경력 13년 차로 수업을 통해 학생들에게 삶의 본질을 가르칠 수 있다고 믿으며 교직 생활을 이어 가고 있다. 삶과 연결하여 나누고 싶은 영화는 〈땡큐 대디 The Finishers〉(2013)다.

〈땡큐 대디〉는 전신마비 아들과 함께 38년 동안 철인 3종 경기 206회, 마라톤 풀코스 64회, 자전거와 달리기로 6,000km를 완주해 유명해진 아버지와 아들의 실화가 바탕이다. 광활한 바다 앞, 수많은 사람이 경기 출발선에 선 모습이 생중계되는 장면으로 영화는 시작된다. 그 수많은 사람 중에 유독 빛나는 두 개의 점이 있다. 영화는 철인 3종이라는 스포츠와 개인의 도전 그리고 가족의 이야기를 연결하여, 좌절 속에서도 일어서는 인간의 의지를 보여줌과 동시에 부모와 자녀가 서로 미치는 영향력을 생생하게 그려 낸다.

주인공은 장애가 있는 소년 줄리앙과 전직 철인 3종 선수였던 아버지 폴이다. 아버지는 아들이 장애가 있다는 사실을 알고 난 뒤부터 삶의 의욕을 잃고 있었다. 아내와의 갈등도 점점 깊어졌다. 하지만 줄리앙은 휠체어에 의존해야 하는 상황에서도 철인 3종에 도전하고 싶어 한다. 폴은 철인 3종에 출전하려는 줄리앙에게 "너무 위험하다. 그만두자"라고, 불가능한 도전이라고 말한다. 하지만 줄리앙의 의지는 점점 강해졌고 그의 진심과 간절함을 이해한 폴은 마음을 바꿨다. 그는 아들의 꿈을 자신의 꿈으로 받아들이고 함께 도전하기로 결심한다. 아들의 바다가 만들어지기 시작하는 순간이라.

철인 3종 경기에서는 3.9km의 파도를 헤엄치고, 180km를 자전거로 달린 뒤, 42.195km 마라톤 풀코스를 달린다. 나아가 제한 시간인 17시간 안에 결승선을 통과해야 한다. 한 몸으로도 힘든 일인데 둘이 묶인 양 해내기는 참으로 벅찬 일이다. 하지만 줄리앙과 폴은 경기를 준비하는 과정에서 아주 천천히 서로의 진심을 알아가고 이를 말없이 지켜보는 가족들 또한 자연스럽게 안정감을 찾아간다. 우여곡절 끝에 참가한 경기 도중 줄리앙은 살갗이 심각하게 벗겨지지만 각오를 나지듯 붕대를 단단히 감고 다시 도전을 이어 간다. 그러나 체력의 한계를 느낀 아버지가 오히려 흐느끼면서 포기를 선언한다. "난 못 하겠다. 도저히 못 하겠다. 미안하다."

아버지가 부상의 고통 속에서 더는 달릴 수 없다며 모든 걸 내려놓으려던 순간, 아들은 휠체어를 혼자 끌고 아주 조금씩 앞으로 나가기 시작했다. 바퀴가 제멋대로 흔들렸지만 아들의 눈은 흔들리지 않고 굳건했다. 아들의 작은 손과 약한 몸이 버티고 있는 모습을 본 아버지는 삶의 강렬한 메시지를 느낀다. "아들은 포기하지 않는데 내가 여기서 주저앉을 순 없다." 아버지의 눈에 뜨거운 눈물이 고였다. 그 눈물은 스스로에 대한 부끄러움과 스스로 삶을 살아갈 수 있는 아들을 발견한 벅찬 감동이 뒤섞인 것이었다. 이 순간, 아들을 위해 해야 할 유일한 일은 함께 가는 것이라고 생각한 아버지가 다시 일어선다.

이 장면은 부모가 자녀의 든든한 소나무이자 지지자라는 것, 그리고 때로는 자녀가 부모의 나무가 되기도 한다는 점을 의미한다. 아들의 의지는 아버지에게 그 무엇과도 비교할 수 없는 강한 메시지를 전달했다. 삶에서 중요한 것은 고통이나 실패가 아니라 다시 일어설 수 있는 의지와 용기임을 말이다. 그렇게 둘은 가까스로 결승선에 도달한다.

줄리앙이 장애를 받아들이고 그 속에서 할 수 있는 것을 찾아 도전한 것처럼, 우리도 자신을 있는 그대로 받아들이며 나만의 길을 찾을 수 있어야 한다. 이를 위해서는 자신을 신뢰하는 자신감이 필요하다. 자신감은 단숨에 만들어지는 것이 아니라 작은 성공을 반복하는 과정에서 자라난다. 이는 스포츠를 통해서도 키워줄 수 있다. 때로는 쓰러지기도 하고 포기하고 싶을 만큼 버겁지만, 그 안에서 우리는 다시 일어서는 법을 배운다. 실패했을 때 다시 일어서서 도전하는 힘은 바로 이 과정에서 만들어진다. 다시 말해 실패는 성장을 위해서는 반드시 있어야 하는 긍정적인 과정이기 때문에 크게 좌절할 필요가 없다는 것이 나의 생각이다.

이 영화는 그런 삶의 본질적인 가치를 '함께 이겨낸다'라는 경험을 통해 보여 준다. 아들 혼자라면 넘을 수 없을 한계를 아버지가 함께하기에 해낼 수 있었다. 둘은 서로의 조력자가 되어 어둠 속에서도 희망의 빛을 찾았다. 아들의 강한 의지는 어둠 속에서 반짝이는 별처럼 빛났고, 아버지의 헌신은 그 별을 따라 길을 밝혀준 등대와 같았다. 이처럼 동반자의 존재는 때로는 불가능해 보이는 현실을 가능하게 만든다. 아들의 도전은 아버지의 삶을 바꿨고, 아버지의 헌신은 아들의 꿈을 현실로 만들었다. 결국 함께 가는 길이 가장 멀리 가는 길이라는 사실을 이 영화는 조용하지만 깊이 있게 전하고 있다.

운동생리학 분야에서는 '역치'라는 개념을 다룬다. 역치란 자극에 대한 반응을 일으키는 데 필요한 최소 한도의 자극 세기를 의미한다. 즉 역치가 높다는 것은 많은 일을 대수롭지 않게 받아들이며, 다시 일어서는 힘이 강하다는 것을 의미한다. 이를 키우기 위해서는 '넘어지면 안 되는 거야'가 아닌 '넘어져도 괜찮아. 다시 일어나는 게 중요해'라며 툭툭 털어버리는 게 필요하다. 어떤 일에 얽매여 생각대로 되지 않는다고 낙담하지 않으며, 한 걸음 한 걸음 꿋꿋하게 걸어가는 것이 우리의 삶을 조금씩 단단하게 만들어 나가는 가장 큰 힘이라고 생각해 본다.

아들을 위해 고통을 견디며 끝까지 함께 달린 아버지는 인터뷰에서 담담히 전한다. "저는 영웅이 아닙니다. 단지 아버지일 뿐입니다." 다시 일어설 수 있도록 자신을 믿어 준 아들이 자기 삶의 주인공이 될 수 있게, 한 발짝 뒤에서 함께 달리며 동행한 아버지의 애틋한 마음이 이 짧은 말에서 느껴진다.

줄리앙은 완주를 통해서 자신이 살아 있음을 증명하고 싶었을 것이다. 그는 삶이란 주어진 것 안에서 숨죽이고 기다리는 것이 아니라, 스스로 의미를 만들어 가는 것임을 보여 준다. 우리는 영화 속 줄리앙처럼 저마다 보이지 않는 장애를 안고 살아가는 존재일지 모른다. 누구나 인생의 어느 시점에서 넘어지거나 멈출 수 있고, 앞으로 나아갈 용기를 잃을 수도 있다. 중요한 것은 어려움 앞에서 삶을 포기하지 않으려는 의지와 그 의지를 지지해 주는 누군가의 존재다. 희망은 어둠 속 작은 불빛에서 시작한다. 그 불빛이 꺼지지 않도록 곁을 지켜 주는 그 마음이 결국 우리를 다시 살아가게 하는 힘이다. 우리가 가는 여정이 아무리 험하더라도 그 여정을 이어 가겠다는 나의 마음과, 함께하는 사람이 있다면, 인생은 여전히 의미있고 아름다운 여행길이지 않을까?

수업을 들어가기 전, 겉으로 보이지 않지만 오늘도 험한 길을 건너고 있는 학생이 있을 수 있다는 생각을 한다. 다 알 수 없고, 품을 수 없다는 한계를 느낄 때면 마음이 무거워지지만, 그럼에도 교사가 건네는 한마디와 작은 행동이 길을 밝힐 수 있다는 믿음 하나가 다시 나를 교사의 자리로 이끈다. 그런 학생을 외면하지 않고 내가 할 수 있는 것을 진심을 다해 전하는 것, 그것이 내가 되고 싶은 교사의 모습이다.

누군가의 여정 어딘가에서 내가 건넨 작은 온기가 조용히 기억되기를 바라며, 오늘도 다시 걸음을 내디딘다.

환경이 척박해도
희망은 자란다
맥팔랜드, USA

"그 누구도 너희같이
못해. 너희는 진정한
슈퍼 인간이다."

가장 이기적인 것이 가장 이타적일 수 있다는 오래된 명제는 자기 존재 증명의 영역에서 중요한 진리다. 세상에는 사람들을 돕는 두 가지 방식이 있다. 하나는 이타적인 방법으로, 타인의 어려움을 자기 일처럼 느끼며 그들의 짐을 함께 들어주는 것이다. 복지와 돌봄, 봉사 등 직접적인 위로 또는 도움이 이에 해당한다. 다른 하나는 다소 이기적으로 보일 수 있는 방식으로, 자신만의 길을 묵묵히 걸어가는 것이다. 그러나 이 방식은 단순히 자신을 위한 것이 아니라, 다른 이들이 스스로의 잠재력을 깨닫고 자신만의 길을 찾을 수 있는 계기를 마련해 준다. 마치 어두운 밤하늘에 홀로 빛나는 별이 길을 잃은 이들에게 방향을 제시하듯 말이다.

아리스토텔레스는 이런 이기적인 사람을 '필라우토스(Philiautos)'라고 불렀다. 이 단어는 언뜻 자기만을 위해 사는 이기적인 사람을 떠올리게 하지만, 그 의미가 반드시 부정적인 것만은 아니다. 일반적인 이기심은 열등하고 편협한 것이 맞다. 그러나 자신의 욕망을 통제하고 옳은 길을 선택하며 끊임없이 탁월함을 추구하는 데 이기심을 발휘하는 사람이라면, 이야기는 달라진다. 그런 사람들은 자기 자신을 사랑하는 힘으로 세상이 놀랄 탁월함을 이루고, 그 탁월함을 통해 다른 사람들에게 유익을 가져다준다. 그러한 이기심은 더 이상 비난의 대상이 아니라 존경과 영감의 원천이 된다.

실화를 바탕으로 한 〈맥팔랜드, USA McFarland, USA〉(2015)의 주인공인 화이트(James White)는 아리스토텔레스가 말한 필라우토스를 연상시키는 인물이다. 그는 캘리포니아의 메마르고 척박한 땅 맥팔랜드에 울며 겨자 먹기로 부임하지만, 어려운 환경에서도 체육 교사로서의 전문성과 신념을 끝까지 지켰다. 화이트는 다소 생소한 크로스컨트리라는 팀의 성공은 물론, 학생들의 삶과 지역사회에 희망과 변화를 이끌었다.

과거 화이트는 풋볼로 유명한 고등학교의 코치이자 체육 교사였다. 그러나 작전 회의 중 계속 불량한 태도를 보이는 한 학생에게 신발을 던지는 돌발 행동으로 해고를 당하고 만다. 이 사건은 그의 경력에 큰 오점을 남겼고, 가장으로서 생계를 유지해야 했던 그는 결국 미국에서 가장 가난한 지역 중 하나로 꼽히는 맥팔랜드로 향한다. 이곳은 주민 대부분이 멕시코 이민자인 지역으로, 경제적으로도 사회적으로도 깊이 소외된 곳이었다.

새로운 환경은 화이트와 가족 모두에게 충격이었다. 낡고 허름한 집과 위험이 도사리고 있는 동네는 이전과는 다른 부족함으로 가득해 보였다. 무엇보다 익숙하지 않은 멕시코 문화는 그들의 마음을 더욱 움츠러들게 했다. 불안을 달래보려 외식하고 돌아오는 길에서조차 멕시코 갱단으로 보이는 이들과 마주치자 화이트는 이 지역을 당장 떠나야겠다고 결심한다. 그러나 오히려 그를 말린 것은 "조금만 더 견뎌 봐요"라고 말한 그의 아내였다.

설상가상으로 새로 부임한 맥팔랜드 고등학교에선 따뜻한 환영은커녕 "여기서도 문제를 일으키면 당장 해고될 줄 아시오"라는 차가운 경고부터 받는다. 교도소 옆에 있는 학교 환경과 학습에 의욕이 없는 학생들의 비행, 심지어 수업 중에도 부모의 트럭에 올라타 일하러 가는 학생들까지. 모든 것이 상상 이상이었다.

그나마 맥팔랜드 풋볼팀은 체육 교사로서 그의 유일한 희망이었다. 그러나 포지션에 맞지 않는 선수 구성과 형편없는 팀 실력은 기본적인 작전조차 찾아볼 수 없었다. 심지어 부상한 선수를 강제로 출전시키려는 동료 코치까지 있었으니, 팀은 그야말로 엉망진창이었다. 그는 결국 동료 코치와의 갈등 끝에 풋볼팀 코치 자리에서마저 물러나고 만다.

이후 수업도 대충, 업무도 대충 하는 화이트에게 어느 날 한 동료 교사가 찾아와 말했다. "이참에 학생들을 위해 복지 활동을 함께해 보는 건 어떨까요?"라는 제안이었다. 그러나 화이트는 그의 눈도 마주치지 않은 채 "나는 그런 것에는 관심이 없습니다"라고 단호하게 말한다. 그의 냉담한 반응에 실망한 동료 교사는

"선생님은 아이들에게 관심조차 없는 사람이군요"라며 매몰차게 돌아선다.

그렇게 무기력하게 하루하루를 보내는 화이트에게 어느 날부터 인가 학생들의 특별한 재능이 눈에 들어오기 시작한다. 바로 달리기였다. 학생들은 집과 학교, 일터를 오가며 달리는 것이 일상이었고, 뜨겁고 거친 도로 위를 달리는 동안 그들의 몸은 자연스럽게 단련되어 있었다. 어느 날은 호기심을 참지 못하고 초시계를 든 채 학생들을 몰래 관찰하며 기록을 측정했는데, 그 결과는 기대를 훨씬 뛰어넘었다. 학생 중 일부는 거의 프로 선수에 가까운 속도를 내고 있었던 것이다. 그들의 재능은 마치 다듬어지지 않은 보석 같았고, 화이트의 눈은 마치 광맥을 발견한 듯 반짝이기 시작한다.

그는 풋볼팀에서 어울리지 않게 활동하던 한 학생을 설득해 팀을 구성하고, 크로스컨트리라는 종목에 도전하기로 결심한다. 하지만 크로스컨트리는 낯선 종목일 뿐 아니라, 귀족 스포츠로 여겨져 맥팔랜드 같은 가난한 지역과는 어울리지 않는다는 편견이 있었다. 게다가 문제만 일으키던 화이트가 학교의 지원을 호의적으로 이끌기도 어려웠다.

하지만 화이트는 포기하지 않는다. 그는 대회에 입상하면 교육청으로부터 열악한 학교 환경을 개선할 지원금을 받을 수 있다는 논리로 교장을 끈질기게 설득했고, 결국 주 대회 예선에 참가할 자격을 얻어 낸다. 그러나 자신만만하게 도전한 첫 대회에서 화이트와 학생들은 대회 꼴찌라는 처참한 결과를 얻고 만다.

실패의 원인은 언덕 코스 때문이었다. 평지에서의 달리기에 익숙했던 학생들은 언덕을 만나자 급격히 무력해졌다. 화이트는 코스를 제대로 파악하지 못한 자기 잘못을 인정하며, 언덕 코스에 적응하기 위한 새로운 훈련을 도입하기로 한다. 그러나 학생들은 "이렇게 해봤자 달라지는 건 아무것도 없어요!"라며 그의 훈련 방식에 강하게 반발한다.

사실 학생들이 진정으로 극복해야 할 것은 눈앞에 보이는 언덕이 아니었다. "너 같은 녀석이 노동이나 할 것이지, 뭔 달리기를 하겠다고 그래?", "노동자가 눈 나빠지면 큰일난다. 대학은 꿈도 꾸지 마라!" 그들이 넘어야 할 진짜 언덕은 생계를 위해 고된 노동을 해야만 하는 비참한 현실과 꿈을 꾸는 것조차 사치인 열악한 환경이었다. 단순히 달리기를 잘하는 것만으로는 이 언덕을 넘을 수 없다는 것을 화이트는 뒤늦게 깨닫는다.

그는 결심한다. 자신이 단순히 학생들에게 달리기를 가르치는 코치로 남아서는 안 된다고. 그는 학생들의 삶 속으로 깊이 들어가기로 결심한다. 학생들의 일터를 찾아가 함께 땀 흘리며 곡식을 수확하고, 그들의 부모와 대화하며 문화를 이해하려 노력한다. 익숙하지 않은 도전의 연속이지만, 그는 포기하지 않는다. 그의 진심은 학생들과 그들의 가족에게 서서히 전해진다. 흙투성이가 된 채 농장에서 일하는 코치의 모습을 보며, 그리고 진심 어린 대화를 나누면서, 그들은 화이트가 단순한 교사가 아니라 자신들의 편에 서 있는 어른임을 느낀다.

이러한 노력은 지역사회 전체로 퍼져 나간다. 학생들의 운동화를 마련하기 위한 모금 행사가 열리고, 그들의 열악한 훈련 환경을 개선하려는 움직임도 시작된다. 이러한 노력의 결과로 맥팔랜드 고등학교는 다시 참가한 지역 대회에서 4강에 오르는 기적을 이뤘고, 주립 대회 결승까지 진출하는 쾌거를 거둔다. 이는 단순한 스포츠 승리가 아니라, 지역 주민들에게 할 수 있다는 자부심과 희망을 안겨 주는 것이었다.

그리고 결승전 당일, 화이트는 학생들 앞에 결연한 표정으로 서서 이야기한다. "너희는 내가 만난 선수 중 최고야." 그의 목소리는 담담했지만, 그 안에는 깊은 진심이 담겨 있었다. "그 누구도 너희같이 못 해. 고된 일과 운동을 병행하며 이렇게 해낼 수는 없다. 너희는 진정한 슈퍼 인간이다. 나는 너희가 너무나 자랑스럽다!" 이 말은 단순한 격려가 아닌, 학생들이 스스로를 믿게 하고,

자신의 가치를 깨닫게 하는 강렬한 메시지였다.

경기가 시작되고, 맥팔랜드 팀은 처음에는 고전한다. 그러나 화이트의 말처럼, 그들은 이제 단순히 달리는 선수들이 아니었다. 그 누구도 해내지 못했던 것들을 해낸, 슈퍼 인간이었다. 학생들은 모든 한계를…. 학생들은 모든 한계를 뛰어넘으며 달렸고, 마지막 순간에는 믿기 힘든 역전극까지 펼치며 대망의 우승을 차지한다. 그들의 승리는 단순히 경기에서만의 승리가 아닌, 희망이 없고 무기력한 현실을 극복한 맥팔랜드 전체의 승리였다.

화이트는 단순히 학생들을 훈련시키는 코치가 아니었다. 그는 자신이 가장 잘할 수 있는 일이자 가장 사랑하는 일을 통해 학생들의 잠재력을 발견하고, 그들의 길을 열어 준 진정한 필라우토스였다. 영화를 보는 내내, 나 역시 체육 교사로서 스스로를 돌아보지 않을 수 없었다. 내가 좋아하는 것, 내가 잘할 수 있는 것을 통해 지금까지 학생들에게 얼만큼 영감을 주었는지, 그들의 잠재력을 끌어냈는지 자문하지 않을 수 없었다.

특히 영화 속에서 한 동료 교사가 봉사활동을 제안했을 때, 화이트가 단번에 거절하는 장면은 나에게 충격이었다. 그는 세상과 타협하지 않았다. 누군가에게 이기적으로 보일 수도 있겠지만, 그는 자신이 가장 잘할 수 있는 방식으로 학생들의 잠재력과 지역사회의 변화를 이끌어냈다. 반면 나는 종종 세상과 타협하며 살아가고 있는 나 자신을 부정할 수 없다. 바쁜 업무와 인간관계를 고려해야 한다는 핑계로, 그리고 그것이 최선이라고 합리화하며 내가 좋아하는 일과 내가 추구하는 탁월함에서 종종 멀어지고는 한다. 이 영화는 그런 나의 모습을 되돌아보게 하였다.

영화의 마지막은 실존 인물인 화이트와 그의 지도를 받은 맥팔랜드 고등학교의 이야기를 보여 준다. 화이트의 지도 아래, 맥팔랜드 고등학교는 14년 동안 주립 선수권 대회에서 9번이나 우승하는 놀라운 성과를 이뤄냈다. 그의 제자들은 교사, 형사, 기자 등 다양한 분야로 진출해 각자의 삶을 개척하며 빛을 발하고 있다. 이 장면은 단순한 영화의 결말을 넘어, 꿈과 희망이 없던 학생들 그리고 화이트 자신까지 변화시킨 감동적인 울림을 준다.

이 영화는 우리에게 질문을 던진다. "당신은 당신만의 탁월함을 위해 얼마나 '이기적'으로 노력하고 있는가?"

서로를 지지하는
소녀 역사들의 성장기
킹콩을 들다

"매 순간 끝까지 최선을
다한다면 그 자체가
금메달이야."

자신의 한계가 눈앞을 가로막고, 그 한계를 넘어서려는 노력조차 헛되게 느껴질 때가 있다. 하지만 그때가 바로 성장의 기회다. 한계를 인식하고 그 한계를 넘어서려는 의지를 다질 때, 우리는 비로소 새로운 가능성의 문을 열게 된다.

역도는 역기를 들어 올린 무게의 기록만으로 순위를 가리는 경기가 아니다. 정밀한 기술과 체력, 심리적인 강인함이 요구되는 스포츠다. 선수들은 종목에 따라 일정한 체중 범위 안에서 경쟁하며, 체급별로 힘과 기술을 사용해 역기를 들어 올려 승부를 가린다. 〈킹콩을 들다〉(2009)는 척박한 현실 속에서 투철한 사명감과 제자 사랑으로 각자의 한계에 도전하는 선생님과 제자들의 여정을 담고 있다.

1988년 서울올림픽 역도 경기장, 메달 결정을 위해 마지막 도전을 준비하는 이지봉 선수. 관중과 시청자가 숨죽여 지켜보는 가운데 고요한 정적을 깨며 바벨을 들어 올리는 순간, 발이 미끄러지며 그는 균형을 잃는다. 위기를 침착하게 극복하려 노력했지만 왼쪽 팔이 골절되며 결국 넘어지고 만다. 코치와 의료진은 다급하게 뛰어와 사태를 수습해 보려 한다. 방송은 동메달을 획득했다는 간단한 안내 뒤에 인기 종목인 축구로 화면이 바뀐다.

금메달을 따지 못하면 패배자가 되고, 금메달을 따야지만 승리자가 되는 풍토는 사라져야 한다. 올림픽에 참가하기 위해 혹독한 훈련을 이겨낸 결실로 획득한 메달은 그 자체로 축복받아야 마땅하다. 설령 메달이 없더라도, 수없이 겪은 고통과 노력이 만들어 낸 성과는 결코 가볍지 않다. 근대 올림픽 창시자인 쿠베르탱은 "올림픽에서 중요한 것은 승리가 아니라 참여이며, 인생에서 중요한 것은 성공이 아니라 노력이다"라고 강조하였다. 올림픽 정신의 핵심 가치를 잘 표현한 이 말은 경쟁보다 노력과 공정한 도전을 중요시한다. 메달과 관계없이, 이를 위해 준비하고 노력하며 흘린 땀방울은 저마다 깊고 값진 빛을 발한다.

이지봉은 부러진 팔을 검사하며 자신이 겪은 부상의 원인을 확인하던 중 예상치 못한 심장 문제를 알게 된다. 의사는 다시 운동을 하면 생명이 위험할 수 있다고 말했지만, 모든 것을 운동에 고스란히 쏟아부으며 운동만을 바라보고 살아온 그였다. 역도에 대한 그의 열정 앞에서 부상과 병세는 전혀 문제가 되지 않았다. 다만 이제는 선수가 아닌 지도자로 불리게 될 뿐이었다.

운동선수로 성공하는 것은 낙타가 바늘구멍을 통과하는 것과 같이 매우 어렵고 힘들다는 말이 있다. 우리나라 엘리트 운동선수 수급에는 어려움이 있는데, 이는 다양한 사회적, 구조적 요인이 복합적으로 작용한 결과로 보인다. 우선 출산율 감소로 인해 유소년 인구가 줄어들면서 엘리트 체육을 꿈꾸는 학생 선수의 수도 더불어 감소하고 있다. 그리고 엘리트 체육에 대한 기업들의 후원이 줄어들며 많은 종목이 재정적인 어려움을 겪고 있다. 특히 비인기 스포츠 종목의 경우에는 선수층이 매우 얇고 지원도 부족해 상황이 더욱 심각하다. 관심과 후원이 거의 없어 훈련 환경이나 장비조차 제대로 갖추지 못하는 경우가 많고, 지도자나 선수 모두 열악한 조건을 견뎌야 하는 안타까운 현실에 처해 있다. 이렇듯 어려운 선수 수급 문제를 엿볼 수 있는 다른 영화로는 〈리바운드〉(2023)가 있다. 이는 교체 선수 없이 다섯 명의 학생만으로 고교 농구 대회 준우승을 이룬 기적 같은 실화를 바탕으로 한다.

이지봉은 시골 마을의 여자 중학교에서 역도부를 맡아 어렵사리 몇몇 학생을 역도부로 모은다. 하지만 역도를 사랑하고 역도에 자신의 모든 것을 바쳐 온 이지봉은 자신이 겪은 부상의 위험이 학생들에게도 닥칠까 하는 걱정 때문에 역도의 기술을 가르치려 하지 않았다. 말이 역도부지, 일종의 동아리 모임이라고 해야 할 것 같다. 이지봉은 학생들의 안전과 불우한 가정 환경에 도움을 주고자 운동보다는 일상생활을 보살피는 데 더 집중한다.

애니메이션 영화 〈슬램덩크 더 퍼스트〉(2023)의 감독은 부상을 당한 선수를 모르는 척 시합에 더 뛰게 한다. 부상의 심각성을 알고 있으면서도 계속 코트에 내세웠다. 이는 냉정한 감독의 판단이라기보다, 한 명의 스승으로서 성장하고 발전한 제자의 마지막 불꽃을 지켜보고 싶은 간절함에서 비롯된 행동으로 보인다. 작전 타임 후 감독은 선수를 벤치로 불러, 자신이 감독으로서 자질이 없다고 털어놓는 장면은 스승의 인간적인 고백이자 제자의 성장을 온몸으로 받아들인 어른의 진심이었다. '감독'과 '선수'라는 관계를 넘어, '스승'과 '제자'가 서로를 인정하고 연결되는 절절한 교감의 순간으로 비친다. 선수의 투지와 성장, 그리고 그것을 묵묵히 지켜보며 감정을 억누르는 감독의 모습은, 결국 스포츠가 보여줄 수 있는 가장 인간적인 이야기의 한 장면이다. 제자를 사랑하고 지지하는 방식은 다르지만, 두 지도자는 같은 마음인 듯하다.

엄마처럼 자신을 키워 준 할머니를 하늘로 떠나보낸 한 학생이 마음을 잡지 못하고 생활의 어려움에 빠지자, 이지봉은 학교에 운동부 숙소라는 미명으로 지낼 곳을 마련해 주었다. 물론 실의에서 벗어나 훈련을 재개하고 대회도 출전해야 한다는 조건이 붙었지만, 그 속에서 또 다른 자신을 투영하는 애틋함이 묻어나 보인다.

대나무 숲에서 본격적인 운동을 시작한 첫날, 그는 아팠던 심장에 다시 무리를 느끼며 힘들어한다. 학생들의 눈을 피해 주먹으로 가슴을 치며 고통을 삼키려 했지만, 멀리서 이 모습을 본 학생들은 큰 몸짓을 하는 킹콩을 본 듯 한껏 웃음을 터뜨렸다. 역도부 학생들은 극심한 고통과 힘든 훈련, 운동과 공부를 병행해야 한다는 압박 속에서도 불평 없이 그 과정을 이어 갔다. 선생님의 끊임없는 격려와 철저한 훈련 계획에 따라, 그들은 한 걸음씩 성장하고 한계를 넘어설 수 있도록 점점 더 훈련의 강도를 높여가며 몰두한다. 그리고 힘든 순간마다 서로를 격려하며 고통 속에서도 꿈을 향해 나아가는 모습을 보여 준다.

대회를 맞이한 역도부원들은 한층 성장한 실력으로 자신의 한계를 뛰어넘으며 값진 메달을 손에 쥔다. 승리의 기쁨을 안고 돌아온 그들은 환영 인파 속에서 카퍼레이드를 펼치며 역도부의 이름을 널리 알렸다. 하지만 역도부의 성공 소식이 퍼지자, 이를 시기한 같은 지역 고등학교 코치가 대회 출전에 제약을 걸며 자신이 직접 지도한다는 명목으로 선수들을 데려간다.

그런데 그의 지도 방식은 혹독하고 무분별한 체벌과 폭언을 남발하는 것이었다. 이를 견디다 못해 지친 학생들은 결국 믿을 수 있는 선생님을 찾아간다. 이지봉은 학생들의 간절한 부탁에 난처했지만, 학생들의 몸에 남은 체벌의 흔적을 보고 충격과 분노에 휩싸인다. 그는 결국 결심을 굳히고 학생들을 몰래 지도하기 시작한다. 학생들은 낮에는 정규 훈련을 받고, 밤이 되면 이지봉과 함께 보충 훈련을 하며 역도에 대한 열정을 되살린다.

이 모든 상황을 알게 된 여고 코치는 학생들의 훈련을 막았다. 그는 학생의 보호자를 꾀어 교육청에 투서를 넣고, 경찰까지 대동해 학생들이 머무는 숙소에 들이닥쳤다. 결국 역도부 숙소는 폐쇄되고, 규정을 어겼다는 이유로 이지봉은 징계를 받는다. 여고에서의 훈련은 날이 갈수록 가혹해졌고, 쏟아지는 폭언과 반복되는 체벌 속에 학생들은 점점 지쳐 갔다. 갈 곳 없었던 어느 학생은 아무도 없는 체육관 구석에 몸을 웅크리고 잠을 청하려 했지만, 차가운 바닥과 쌓인 피로, 그리고 무엇보다 밀려오는 외로움에 도무지 잠들지 못했다.

과거 운동부에서는 체벌과 폭행이 기강 확립, 정신력 강화, 선후배 간 규율 유지를 위한 수단이라는 명목 아래 정당화되었다. 당시 지도자들은 체벌을 통해 권위를 세우고, 폭력을 훈육이라는 이름으로 포장하며 정당성을 부여했다. 또한, 승리와 기록을 최우선으로 여기는 분위기 속에서 비인간적인 훈련 방식과 체벌이 경쟁력을 높이는 수단으로 용인되기도 했다. 이러한 문제는 단순히 일부 지도자의 일탈로 보기 어렵고, 구조적 폭력이 체계화되고 문화적으로 정당화된 데서 비롯된 결과라고 할 수 있겠다.

이지봉은 제자들을 생각할수록 마음이 아렸다. 이대로 가만히 있어서는 안 된다고 느낀 그는 학생들 한 명 한 명에게 직접 편지를 쓰기 시작한다. 손으로 꾹꾹 눌러쓴 글자마다 학생들에 대한 애정과 진심 어린 마음이 담겨 있었다. 우체국으로 향하던 이지봉은 문득 가슴 한쪽에서 날카로운 통증이 밀려오는 것을 느낀다. 한 걸음 한 걸음 내디딜 때마다 고통은 점점 심해졌고, 숨을 내쉴 때마다 심장이 조여드는 듯했다. 결국 그는 도로 위에 쓰러지고 만다.

전국 체육대회를 치르던 학생들은 이지봉의 부고를 접하고 하염없이 눈물을 흘린다. 선생님에 대한 고마움과 감사함에 여고의 이름표를 떼고 선생님의 이름을 가슴에 새겼다. 이를 본 여고 코치는 학생들을 무자비하게 폭행하지만, 한 학생이 일어나 역도부원들을 격려하며 선생님을 위해 역기를 들어 올리자고 외친다. 선생님에 대한 간절한 마음에 힘을 얻어 학생들은 한국 신기록을 세웠고, 선생님을 보고 싶다는 말과 함께 대회를 마무리한다. 이지봉의 장례식 날, 학생들은 산으로 향하는 선생님의 목관을 머리 위로 들어 올리며 선생님을 추모했다.

2008년 베이징올림픽 역도 경기장. 수많은 관중이 숨을 죽이고 한 선수를 바라본다. 경기장 위에 선 선수는 이지봉 선생님이 숙소를 마련해 준 그 학생이었다. 선생님이 끝내 이루지 못했던 꿈의 무게까지 바벨에 실어, 마침내 찬란한 금메달을 들어 올리는 장면으로 영화는 막을 내린다.

〈킹콩을 들다〉는 꿈을 꾸는 것조차 쉽지 않은 현실 속에서 제자를 향한 스승의 헌신과 사랑, 꿈을 향해 도전하는 과정, 그리고 수많은 역경과 편견 속에서도 쉽게 좌절하지 않고 자기 한계를 극복하는 모습은 우리에게 큰 울림을 준다. 누구나 각자의 한계를 마주할 때가 있다. 그때 그것에 도전하고 자신의 한계를 극복하는 것은 결국 스스로를 믿는 데서 시작한다는 것을 이 영화는 보여준다. 자신에게 주어진 목표를 포기하지 않고 노력하는 과정이 스스로의 몸과 마음을 단단하게 만들어 줄 것이다. 자! 이제 각자 자신의 한계를 넘어설 준비가 되었는가?

맨뽀걸즈

<댄뽀걸즈>(2017)는 아름답고 눈부신 논밭 풍경, 웃으며 차를 타고 지나가는 여고생들의 모습으로 시작된다. 이들은 아이스크림을 먹고, 라이터로 면봉을 지펴 속눈썹을 올리고, 수업 중에도 웃음을 멈추지 않으며, 졸음을 참지 못해 턱을 괴고 졸기도 한다. 선생님이 학생을 깨워 보지만 배가 아프다고 하고, 수학여행에 가기 싫다고 설득하면서 학생들과 실랑이를 벌이는 장면은 여느 교실에서 겪을 만한 모습이다.

조선업 불황으로 위기를 맞은 거제시를 배경으로 한 이 영화는 거제여상 댄스 스포츠 동아리 '댄뽀반'의 이야기를 담은 다큐멘터리 형식의 영화다. 학교에 붙어 있는 '일취월장(일찍 취업해서 월급 받아 장가가고 시집가자)' 플래카드를 보며 졸업 후 조선소 취직만 바라보던 아이들. 하지만 그들의 일상은 고달프다.

수업 시간에 자고, 졸고, 딴짓하던 아이들이지만, 음악이 흐르자 눈빛부터 달라진다. 활기가 넘치고, 몰입하고, 연습에 집중한다. 바로 그 순간이 댄뽀걸즈의 진짜 시작이다. "원! 투! 쓰리, 포!" '자이브 스텝'을● 밟고, "신생님이 다시 해볼 게~ 이 새끼야~". 거친 말투처럼 들릴 수 있지만, 그 안에서 정과 유

● 　　　기본적으로 4/4박자에 맞춘 빠른 발놀림의 반복이다.

쾌한 신뢰가 묻어난다. 연습이 끝나면 선생님은 땀 흘리며 삼겹살을 굽고 텃밭에서 고추를 딴다. 선생님은 집에 가는 아이들에게 차비까지 챙겨준다.

들국화의 '세계로 가는 기차'가 흐르고, 아이스크림을 물며 버스에 오르는 학생들. 의상을 맞추러 가는 길은 설렘으로 가득하다. 까만색 신발을 신고 싶다는 혜영이의 바람에 선생님은 검은색 매직을 꺼내 들었다. 까르르 웃는 소녀들의 모습은 댄스 스포츠가 이 아이들에게 얼마나 큰 활력이 되는지 보여 준다. 공연과 시합 때마다 함께해주는 동료 교사와, 소주잔을 기울이며 마음을 털어놓는 땐뽀반 지도 교사 이규호 선생님의 말에는 아이들을 향한 책임감, 그리고 그들을 '잘' 키우고 싶은 진심이 담겨 있다.

"별일이 매일 있다." "댄스는 웃으면서 가르칠 수 있다, 아이가."
"승진은 그런데… 이제 아예 생각 접은 거예요?"
"승진? 우리가 승진하려고 선생 하는 건 아니다, 아이가? 맞제? 아이들 가르치려고 하는 건데… 애들 잘 가르쳐서 사람 되게 만들어 가지고 졸업시켜 주는 게 우리 임무다."

2016년 제6회 전국상업경진대회 동아리 경연 대회 무대에 선 땐뽀반. "선생님이 볼 때는 대상감은 아니고, 입상 정도만 해도 잘하는 거야.” 대회장에 모인 학생들에게 무심한 듯 건네는 선생님의 응원에서 따뜻함이 느껴진다. 긴장된 표정으로 무대에 서는 것도 잠시, 음악이 나오자, 열정과 자신감으로 무대를 채워가는 모습에 눈물이 핑 돌고, 마음이 몽글몽글해진다.

‘선생’을 어학 사전에 검색해 보면 ‘학생을 가르치는 사람’, ‘학예가 뛰어난 사람을 높여 이르는 말’이라고 나온다. 나는 문득 ‘선생(先生)’이라는 한자에 다시 눈길이 갔다. 먼저 선(先), 날 생(生). 곧 먼저 태어난 사람이다. 그 의미를 떠올리며 영화 속 한 장면이 오래도록 마음에 남는다. 새벽 두 시 반까지 아르바이트하며 하루하루를 버티는 현빈이, 바쁜 부모님을 대신해 다섯 동생을 돌보는 은정이, 그리고 취업을 준비하느라 고군분투하는 지현이에게까지 든든한 버팀목이 되어 주는 이규호 선생님의 모습. 아이들의 곁에 함께 있는 어른의 존재에서, 나는 조용한 위로를 받았다.

선생은 단순히 지식을 가르치는 사람이 아니라, 먼저 세상을 살아낸 사람으로서 아이들의 삶을 조금 더 멀리 내다보고, 곁에서 지켜보고 보듬어 주며, 삶의 방향을 함께 고민해 주는 사람이어야 하지 않을까? 이규호 선생님의 모습을 보며, ‘먼저 태어난 사람’이 얼마나 따뜻한 빛이 될 수 있는지를 다시금 느꼈다. 그리고 그것이 교단에 서 있는 내가 절대 잊지 말아야 할 마음이라는 생각이 든다. 아이들과 함께 반짝이는 시간을 만든다는 것, 어쩌면 그것이 내가 이 일을 계속하는 가장 큰 이유일지도 모른다. 그 시간은 교사인 나에게 의미 있을 뿐만 아니라, 아이들에게도 삶을 견디게 해주는 기억으로 남을지 모르니까.

졸업 후 아이들이 사회의 거센 바람에 지치고 흔들리는 순간이 오더라도 고등학교 시절의 한순간을 떠올리며 미소 지을 수 있다면, 그 기억만으로도 그 시절은 충분히 따뜻할 것이다. 어느 한 시절에 느꼈던 성취감과 행복함이 다시금 열심히 살아갈 수 있는 힘을 줄 테니까. 그렇기에 나는 '같이의 가치'를 믿는다. 〈땐뽀걸즈〉의 소녀들과 선생님이 그러하듯, 우리도 누군가와 함께 호흡하고, 넘어지고, 다시 일어나며 나아간다. 댄스 스포츠처럼 서로의 리듬에 맞춰 함께 호흡하고, 춤추고, 한 걸음씩 맞춰 가는 삶. 그 '같이의 가치'야말로 우리 삶에 꼭 필요한 이유다.

흑백 갈등을 딛고 하나가 된
고교 풋볼팀의 승전보

리멤버 타이탄

"아무것도 우리를
갈라놓지 못한다."

<리멤버 타이탄 Remember the Titans>(2000)은 버지니아주 알렉산드리아의 윌리엄스 고등학교● 풋볼팀의 실화다. 버지니아는 영국이 미국에 세운 최초의 식민지이고, 주도(州都)인 리치먼드는 남북전쟁 당시 남부의 수도였다. 1971년 7월, 인종 간 갈등이 격화되면서 당국은 융화를 촉진하고자 흑백으로 나뉜 두 학교를 통합하는 결정을 내린다.

통합된 학교의 백인 선수들은 '흑인'을●● 절대 받아들일 수 없다고 흥분한다. 통합 직전에 흑인 학교의 감독으로 내정되었던 허먼 분(Herman Boone, 1935~2019)이 부감독으로 부임하자, 백인 선수단은 자신들의 기존 감독으로 통합 팀을 맡게 된 빌 요스트(Bill Yoast, 1924~2019) 한 명이면 족하다며 냉대한다. 빌은 허먼보다 경력과 실적이 앞서 있었다.

교육위원회는 들끓는 흑인 민심을 누그러뜨리려고 허먼과 빌의 역할을 바꾸지만, 허먼은 피부색의 혜택을 받을 수 없다면서 감독직을 거부한다. 그러자 인권운동의 지도자이기도 한 허먼을 희망으로 여긴 흑인들이 몰려와 간청한다. "당신은 우리의 감독입니다." 하는 수 없이 김독직을 받아들인 허먼은 공정한 운

●   현재의 교명은 알렉산드리아 시티 고등학교다.

●●   영화에서는 'black animal'로 표현했다.

영을 다짐하고 빌에게 수비진을 전담해 달라고 부탁한다. 자존심이 상해서 떠나려는 빌을 따라 백인 선수들도 그만두겠다고 들썩이자, 선수들의 앞길을 염려한 빌은 결국 팀에 잔류한다.

허먼은 팀의 선장이 누구인지를 확실히 한다. 그는 처음부터 세차게 다그친다. "전지훈련 버스가 떠나기 전에 도착하지 못하면 끝이다. 정장을 갖추고 와라. 내가 법이다." 훈련할 대학으로 출발하는 날, 팀에서 유일한 청소년 대표인 백인 선수는 특별 대우를 요구한다. 허먼 감독은 모두가 바라보는 앞에서 뻐기는 선수의 콧대를 보란 듯이 납작하게 만들고, 옷차림을 제대로 갖추도록 재차 단속한다.

미국의 학교 스포츠 영화에서 성공하는 지도자는 바른 용모와 품행, 체력, 기본기, 스피드, 팀워크, 책임감, 감정의 절제, 인내심, 불굴의 정신을 강조한다(정일화, 2025). 예를 들면, 선수들에게 넥타이를 단정히 매게 하고(〈우리는 마샬〉, 2006), 감정의 절제와 자기 행동에 대한 책임감을 북돋는다(〈포에버 스트롱〉, 2008). "사회적 비행을 멀리하고, 학교와 지역사회의 기대에 어긋나는 행위를 하지 않는다"와 같이 선수로서 준수할 행동강령에 부모와 함께 서명하게 하고, 이를 위반하면 제재를 가하기도 한다(〈믿음의 승부〉, 2015). 그와 같은 강령에는 음주, 주류의 소지, 절도, 기물 파손, 폭력 행위 등 금지 사항이 적시될 때도 있다(정일화, 2025).

허먼 감독은 학생들을 공격수와 수비수로 구분해 버스에 탑승시키고, 흑백으로 짝지어서 자리와 숙소를 배정하고,• 훈련에 임하는 마음의 준비를 단단히 시킨다. "모든 것이 바뀌어야 한다. 완벽해야 우리의 상징인 타이탄의 유니폼을 입을 자격이 있다." 타이탄은 그리스 신화에 나오는 거인족이다. 하지만 자유로이 앉는 식탁에서 선수들은 흑백으로 갈라진다. 흑백을 가리지 않는 넉살 좋은 루이만 혼자 흑인들 틈에 앉는다. "모두가 내 편이야." 허먼은 루이에게 룸메이트에 대해 아는 바를 얘기하게 한다. 루이의 룸메이트는 성직자를 뜻하는 '레브(Rev)'가 별명일 만큼 모범생이다. 루이는 훈병처럼 큰소리로 자질구레한 일까지 까발려 모두를 웃긴다. 웃음은 공동체의 비타민이다.

훌륭한 스포츠 지도자는 눈앞의 승리뿐 아니라 선수의 장래에도 관심을 기울인다. 언젠가 선수가 운동을 그만두는 날을 염려한 어떤 감독은 결승전보다 공부가 먼저라면서 연습장을 걸어

• 　풋볼의 한 팀은 '공격진' '수비진' '킥 전문'으로 역할이 나뉜다. 경기는 공격과 수비로 나누어 각각 11명씩 뛴다. 상대가 공격권을 가져가면 수비진이 나가고, 공격권을 뺏어오면 수비진은 빠지고 공격진이 나선다. 킥 전문은 축구로 치면 프리킥과 코너킥을 도맡는 선수로, 필요할 때 잠깐 투입된다. 풋볼은 몸싸움이 격렬하고 부상이 잦은 만큼 경기 규칙도 까다롭다. 몸을 직접 부딪치는 탓에 자칫 흥분하면 경기를 그르칠 수 있으므로, 감독은 특별히 선수들에게 성질을 잘 다스리라고 강조한다.

잠글 정도다(〈코치 카터〉, 2005). 루이는 진로를 묻는 감독에게 대학에 진학하는 레브가 부럽지만, 자신은 성적 때문에 그럴 수 없다고 계면쩍어한다. 허먼은 루이에게 살짝 속삭인다. "대학에 갈 생각이 없으면 선수의 자격을 갖출 수 없다. 주말마다 내 방에서 같이 공부하자." 〈캠퍼스 히어로〉(1986)의 교장이 학생을 교장실로 불러 글을 가르치는 모습이 겹쳐 떠오른다. 얼마간의 노력 끝에 루이는 대학 문턱을 넘을 수 있는 성적인 C$^+$에 난생처음 도달한다. 그는 대학 졸업 후 사업가로 성공한다.

스포츠의 본질은 삶을 건강하고 활기차도록 돕는 데 있고, 지식이 받쳐 주는 스포츠는 삶 전반의 원동력이 된다.● 따라서 운동이 선수 생활과 그 이후의 삶 모두에 긍정적인 힘으로 작용하도록, 미국의 학생 선수들은 '교과 평균 평점(Grade Point Average)' 기준을 충족해야 한다. 스카우트 경쟁이 불꽃 튀는 선수라도 기준 성적에 미달하면 운동을 할 수 없고, 대학에도 갈 수 없다(〈블라인드 사이드〉, 2009; 정일화, 2025). 이와 대비되는 지난날 우리의 아픈 곳을 찌르는 다큐멘터리가 있다. 〈굿바

● 　이러한 예를 들면, 1920년 올림픽 육상 은메달리스트인 필립 노엘베이커는 정치가, 외교관, 학자로 활약하며 국제연맹 설립을 위한 노력과 군비 축소의 공로로 노벨 평화상을 수상하였다. 1960년 올림픽 여자 육상 금메달 3관왕 월마 루돌프는 선수 은퇴 후에는 교사와 코치로 지내며 청소년을 위한 공익재단을 설립하였다. 2019년에 하버드 대학교를 졸업한 가브리엘 토머스는 계속해서 운동을 병행하며 2023년에 전염병학으로 석사 학위를 취득하고, 2024년 올림픽 여자 육상 금메달리스트가 되었다.

이 홈런〉(2011)에서 고등학교 졸업반 선수는 후회 섞인 속마음을 털어놓고, 코치는 그런 학생 선수들에 대한 안쓰러운 마음을 토로한다.

> "초등학교 때 멋모르고 시작한 야구는 원래 이렇게 맞으면서 하는 거구나 생각했어요. 안 혼나기 위해 운동했지요. 고등학교 때는 공부하려고 했는데, 중3이 되니까 머리에 든 것도 없고 야구밖에 아는 게 없어서, 이제는 직업이 된 것 같아요. 공 던지고, 치고, 받고 이런 것밖에 할 줄 아는 게 … 교복을 제일 입고 싶어요. 4년 동안 한 번도 못 입었어요."

> "애들이 제일 힘든 건 모든 행동에 대해 제약받고, 눈만 뜨면 밥 먹고 야구하러 가고, 눈감을 때까지 야구 얘기니까 …."

허먼 감독은 루이처럼 동료들에 관해 알아보라고 선수들에게 지시한다. "지금부터 피부색이 다른 동료들을 다 찾아가서 신상을 시시콜콜 알아보고 나에게 보고하라. 모두 다 끝낼 때까지 매일 세 차례씩 연습한다. 시원찮다고 생각되면 더 늘리겠다." 오전 훈련만으로도 힘에 겨운 선수들은 야간에도 훈련을 할 수 있다는 말에 기겁해서 서로에게 말을 건다.

지독스러운 감독을 미워하느라 서로를 미워할 틈도 주지 않으려는 의도가 내포되어 있는지(〈미라클〉, 2004), 허먼 감독은 더

위에 지쳐서 쓰러질 지경인 선수들을 인정사정없이 닦아세운다. "힘들다 목마르다는 말이 쏙 들어갈 때까지 앉았다 일어나기를 반복한다." 일사병이 걱정되는 부감독은 정도껏 몰아붙이라면서 말린다. 사실 이렇듯 온 힘을 짜내 피땀이 나게 훈련해도 맞수가 차고 넘치는 치열한 스포츠가 풋볼이다. 거의 모든 풋볼 영화마다 전투에 생사를 걸고 전쟁의 승리자가 되자는 식이다.

끝까지 말을 트지 않던 두 선수. 더는 견디기 어려워 어쩔 수 없이 서로 말을 걸지만, 이내 말다툼이 붙는다. 흑인 선수가 제 역할을 하지 않는다는 백인 주장의 비난에 곧장 화살이 되돌아온다. "너는 주장으로서 할 일을 하는 거냐? 네 친구들은 쿼터백 레브가 당하도록 왜 구멍을 내는 거냐? 리더가 시원찮으니 각자 살길을 찾는 수밖에 없지." 배구의 공격 대부분이 세터의 손에서 만들어지듯이 풋볼의 공격은 쿼터백에서 비롯된다. 같은 팀의 일원이라면 쿼터백을 체스 게임의 왕인 양 지켜야 한다.

허먼은 남북전쟁 때 전투가 벌어졌던 묘지로 선수들을 데려가 호소한다. "탄식하는 목소리가 들리는가? '미움 때문에 형제를 죽였노라!' 우리는 그때의 전쟁을 지금도 한다. 단합하지 못하면 무너진다." 풋볼의 작전은 톱니바퀴 맞물리듯이 돌아가기 때문에 어느 하나 삐걱해서는 안 된다. 심기일전한 선수들은 밤을 새우더라도 딱딱 맞아야만 마무리할 분위기로, 실전처럼 한 치의 양보 없이 몸을 부딪친다. 수비의 거친 태클에 쿼터백 레브가 나동그라지자, 주장은 길을 터준 자신의 단짝 친구를 강하게 책망한다. 힘든 과정을 함께 견뎌낸 선수들은 마침내 편 가르기를 멈춘다. 취향이 달라서 귀를 막던 '제아무리 산이 높아도(Ain't No Mountain High Enough)' 노래도 같이 즐긴다. "제아무리 산이 높아도, 바다가 깊고 강이 넓더라도 나를 부르세요. 당신이 부르면 어디든 멀리든 바로 달려갈게요."

풋볼 예산이 깎이는 날이 서구 문명의 마지막 날이라고 말할 정도로(〈홀랜드 오퍼스〉, 1995), 미국은 풋볼의 나라로 일컬어진다. 그만큼 풋볼은 지역사회의 결속에 지대한 영향을 미친다. 허먼 감독은 흑백 화합의 성패를 짊어진 소명을 다하고자 집중한다. 그는 시합을 앞둔 선수들에게 일체감과 자부심을 심어 준다. "이제 시작이다. 단합을 이룬 너희는 이미 승자다. 아무것도 우리를 갈라놓지 못한다. 타이탄이어, 경기를 지배하라!"

허먼 감독은 수비진의 분투를 촉구하지만, 빌 부감독은 알아서 할 테니 공격이나 잘하리고 맞받는다. 허먼은 공격 시도를 거듭 실수한 러닝백을 빼내고 호되게 질책하고, 부감독은 불만을 보이는 러닝백을 달래 상대팀 공격에 밀리고 있던 수비수로 전격 투입한다. "상대의 주 공격수를 꽁꽁 묶어버려라!" 주력이 뛰어나고 민첩한 러닝백의 특성을 고려한 부감독의 판단은 적중한다. 허먼은 어리광을 받아 주어 선수를 망친다고 쏴붙이고, 빌은 대놓고 야단치면 상처받는 아이도 있다고 응수한다. 한편, 경기 중 중상을 입은 쿼터백 레브를 대신해서 백인 쿼터백이 처음으로 뛰게 된다. 허먼은 책임감과 자신감을 불어넣는다. "대장답게 부대원을 이끌어라." 승리의 선봉장이 된 대체 쿼터백은 레브에게 기념 공을 건넨다. "네가 가르쳐 준 덕분에 이겼다!" 선수 대기실에 붙은 "성찰은 챔피언의 더 나은 면이다"라는 표어처럼, 선수들은 승리를 해도 만족하지 않고 보완할 점을 찾는다.

이후 체육계 모임에서 풋볼 협회의 대표가 명예의 전당에 오를 후보를 발표하는 장면이 이어진다. "경기장 안팎에서 청소년에게 높은 도덕적 모범과 지도력을 보여 준 분에게 경의를 표하고자 이 자리에 모였습니다." 그러나 허먼 감독을 끌어내릴 음모를 꾸미던 협회 대표는 빌 부감독에게 몰래 속삭인다. "손 놓고 구경만 해. 그가 쫓겨나면 감독과 명예의 전당은 자네 차지네." 방금 전에 '도덕'을 입에 올린 사람이란 게 믿기지 않는다.

준결승전에서 맞붙는 팀의 상대 감독은 승리를 따놓은 듯이 기고만장하다. 그는 타이탄을 '원숭이'라며 조롱한다. 주심은 경기 시작부터 편파 판정을 연이어 하고, 항의하는 허먼 감독을 여차하면 퇴장시키려 작정한 듯하다. 빌 부감독은 응원석의 어린 딸이 억울하여 어쩔 줄 몰라 하는 모습을 보며 마음을 바로잡는다. 빌은 심판에게 승부 조작을 경고하고, 수비수를 불러 모은다. "타이탄의 뜨거운 맛을 보여 주자!" 공격권을 되찾아 돌아오는 수비진이 허먼에게 인사한다. "덕분에 여기까지 왔습니다." 빌은 공격하러 나가는 선수들에게 외친다. "확 밀어붙여!"

결승전의 상대 감독은 독보적인 명장으로 명성이 자자한 인물이다. 상대는 타이탄의 움직임을 꿰뚫고 프로의 세계에서나 쓰는 작전을 구사해서 선취점을 올리고, 타이탄은 일방적으로 끌려간다. 빌의 어린 딸이 달려와서 하소연한다. "서로 자존심을 내세울 때가 아니에요." 아이의 호소는 어른의 마음을 움직인다. 허먼 감독은 선수들에게 분전을 촉구한다. "경기가 끝나고 떳떳할 수 있게 최선을 다하자." 선수들은 필승의 의지를 다진다. "우리는 져본 적이 없다. 오늘 밤도 그러하다." 빌은 선수들한테서 서로를 인정하는 태도를 배웠다고 속내를 털어놓으며, 허먼에게 부탁한다. "자네의 도움이 필요하네! 나 혼자는 감당하기 버겁네." 지도자는 자신감을 갖는 것과 더불어서 부족함을 겸허히 인정하고 협력을 이끌 수 있어야 한다. 허먼은 전의를 불태운다. "드디어 반격의 때가 왔다!"

3:7로 뒤진 타이탄은 종료 십여 초를 남기고 마지막 공격권을 가져온다. 빌에게서 상대의 의표를 찌를 작전을 제안받은 허먼은 쿼터백 레브를 부른다. "뛸 수는 있겠냐?" 상대 감독은 손목이 부러져 나올 수 없는 것으로 알았던 레브가 들어오자 순간 당황하고, 레브의 장기인 깊숙한 패스를 조심하라고 선수들에게 지시한다. 레브는 패스하는 척하다가 수비의 허점을 파고들어 전력을 다해 내달리고, 동료들은 함께 뛰며 레브를 철벽 보호한다. 터치다운! 단번에 6점을 얻는다. 감독과 부감독은 손을 맞잡고 승리의 공을 높이 들어 올리고, 선수와 시민이 서로를 얼싸안는다. 무엇이든 끝까지 해 봐야 안다(〈드리머〉, 2005).

목숨을 건 사랑과
우정의 서사

히말라야

"같이 왔으면
같이 내려가야지."

니체는 산을 인생에 비유했다. 구불구불 굽어진 산을 올라가 정상에 서는 순간 보람과 기쁨을 느낄 수 있듯, 살아가는 순간마다 마주치는 어려운 문제를 극복할 때 우리는 행복을 느낄 수 있다. "산은 정복하는 것이 아니라 산이 허락해서 정상에 잠시 머무는 것"이라는 영화 속 대사처럼, 위대한 자연 앞에서의 겸손함은 잠시 머물다 떠나는 우리의 삶을 더 깊이 성찰하게 한다.

산악인들의 불같은 우정을 그린 〈히말라야〉(2015)는 대한체육회가 선정한 '2019 대한민국을 빛낸 스포츠 영웅'이자 세계 최초 히말라야 8,000m 이상 모든 주봉(主峰)● 완등에 성공한 엄홍길 대장의 실화를 그린 영화라서 더욱 특별하게 다가온다.●● 엄홍길 대장이 어째서 산악 영웅으로 불리는지를 이 영화에서 엿볼 수 있다. 히말라야에는 현지 날씨와 지형을 잘 알고 짐을 대신 지며 등반객이 정상에 다다르게 돕는 산악 안내인 '셰르파(sherpa)'가 있다. 영화를 보고 나자 엄홍길 대장은 이런 조력자를 넘어 동료의 아픔을 대신 지고 가는 사람이라는 생각이 든다.

● 　이어진 산줄기 가운데 가장 높은 봉우리를 뜻한다.

●● 　'좌(座)'는 높은 산봉우리를 세는 단위이다. 히말라야산맥과 카라코람산맥에 8,000m 이상 14좌가 있다. 이 가운데 8,848m인 에베레스트가 가장 높고, 그다음은 8,613m인 K2이다.

축구 박지성, 피겨 스케이팅 김연아, 발레리나 강수진의 발 사진이 화제가 된 적이 있다. 정상에 우뚝 선 그들의 발에는 성공을 위해 누구보다 열심히 뛰며 상처와 고통을 참아온 흔적들이 고스란히 담겨 있다. 이와 비슷하게 엄홍길 대장도 오른쪽 엄지 발가락이 없다. 혹한 속에서 등반하다가 동상에 걸려 절단한 것이다. 또한 큰 추락 사고로 철심을 박은 오른쪽 다리는 반대쪽 다리보다 5cm나 짧았고, 병원에서는 산에 그만 올라야 한다는 진단도 받았다. 그러나 신체적 어려움에도 굴하지 않는 엄홍길 대장의 산을 향한 마음가짐은 한결같았다. 그의 진심과 애정은 말없이 우리에게 전해져, 산과 삶에 대한 깊은 존중과 감동을 일깨운다.

사실상 은퇴하고 대학 강단에 선 엄홍길 대장은 자신의 출판 기념 사인회를 하던 중에 에베레스트 원정대의 조난 소식을 듣는다. 뉴스는 동생처럼 아끼던 후배의 사망 소식을 전하며 그를 구하러 올라간 대원의 모습을 보여 주었다. 아무도 기억하지 못하더라도, 그날 밤 동료 대원을 구조하러 간 대원의 등반을 엄홍길 대장은 한국 산악 역사상 가장 외롭고도 위대한 등반이라고 칭송했다. 그리고 은퇴를 접고서 후배의 시신을 찾아 히말라야로 길을 떠났다.

사망한 후배 박무택이 엄 대장과 만난 건 오래전 산악 신출내기 시절이었다. 첫 만남에서 고집스럽고 막무가내인, 의욕이 넘쳐 자기 주장을 앞세우던 그였다. 스포츠 경기 대부분에는 감독과 코치가 있고, 선수들은 감독의 지시에 따라 움직인다. 산에서는 대장이 곧 감독이다. 목숨을 걸고 오르는 히말라야에서 풍부한 경험과 상명하복은 절대적이다. 결국 엄 대장은 제멋대로인 그에게 산에 오를 생각도 하지 말라고 경고하며 팀원으로 받아 주지 않았다. 박무택은 엄 대장의 팀에 들고자 끈질기고 겸손하게 노력했다. 지성이면 감천이라고 하지 않는가. 결국 그는 엄 대장의 지도하에 혹독한 훈련을 이겨 내고 히말라야의 여러 주봉을 같이 올랐다. 그리고 일선에서 물러난 엄 대장 대신 후배들을 이끌며 등반을 계속해 오다 사고를 당한 것이다.

엄홍길 대장은 라디오 인터뷰에서 수많은 산행으로 얻게 된 교훈에 관한 질문에 이렇게 답한다. "거기서 느낄 수 있는 건 오직 저 자신뿐입니다. 너무너무 힘들고 고통스러울 때 제가 몰랐던 제 모습이 나옵니다. 그동안 쓰고 있던 모든 가면이 벗겨지는 거죠. 보통 사람들은 평생 그 맨얼굴을 모른 채 살아가고 있는지도 모릅니다." 삶이란 무엇이고 어떻게 살아야 하는지에 대한 멋스러운 말이 아니라, 우리 인간의 본성에 대한 솔직한 이야기가 더 큰 울림을 준다. 추위와 더위를 느끼고, 배고픔을 자각하는 본능적 감각과 욕구를 지닌 존재가 바로 인간이다. 사회가 만들어 놓은 격식과 형식에 맞춰 살다 보면 그 사람의 진정한 내면을 보지 못할 때가 많다. 극한 상황에서 인간의 본모습을 드러내는 것이 산악 스포츠의 매력이다.

고지대의 산소는 평지의 30% 정도로 희박하다. 밤에는 영하 40도의 암흑천지다. 엄 대장에게서 산에 대한 경외심, 산악인 간의 신뢰, 그리고 끈끈한 형제애를 배운 박무택은, "같이 왔으면 같이 내려가야지"라는 엄 대장의 말을 가슴에 새기며 결국 동료를 구하기 위해 자신의 목숨까지 내놓았다. 이런 후배의 속마음을 깊이 이해한 엄 대장에게 있어 함께 산에 오른 친구가 쓸쓸히 죽어 가지 않도록 끝까지 곁을 지키는 일, 같은 운명을 함께한 영원한 산악인을 찾는 일은 어쩌면 너무도 당연한 일이었을지 모른다. 과연 나에게 그런 용기가 있을까. 누군가를 위해 자신을 내던질 결심, 말로는 쉽지만 실제 상황에선 얼마나 어려운 일인가. 그런 결단을 내린 한 사람 앞에서 나는 나의 작고 이기적인 마음을 마주하게 되고, 불현듯 마음이 숙연해진다.

엄홍길 대장은 제자 같았고 가족 같았던 박무택의 시신을 찾아 데리고 내려오기로 결심한다. 아픈 다리로 산을 다시 오르는 것은 자살 행위라는 주변의 만류에도 그는 도전했다. 마침내 엄홍길 대장은 박무택과 동료의 시신을 만났고, 에베레스트의 눈을 녹여 버릴 듯 뜨거운 눈물을 쏟아냈다. 얼음덩어리가 된 육중한 시신을 끌듯 어렵게 내려오지만, 악화된 기상이 그들을 가로 막았다. 사랑하는 박무택과 후배를 집으로 데려오고 싶지만, 그럴 수가 없었다. 히말라야가 그들을 놓아주고 싶지 않은 것인지, 그들이 영원한 산악인으로 히말라야에 남고 싶은 것인지 모를 일이었다.

〈히말라야〉는 인간이 도전할 수 있는 가장 높은 산 정상에 오른다는 것의 의미를 우리에게 보여 준다. 숭고한 자연 앞에 겸허한 마음으로 서면서도, 그 안에서 끊임없이 도전하는 용기와 서로를 향한 협력, 희생, 그리고 혈연보다도 깊은 산악인들 사이의 우정과 사랑이 하나의 로프로 단단히 이어져 있는 듯하다. "산이 크면 울림도 웅심(雄深) 깊다." 산이 크면 메아리도 속이 깊다는 표현으로, 뜻과 포부가 크면 행동이 미치는 영향력도 크다는 의미다.

영화를 통해 에베레스트와 같은 큰 산을 마음속에 품어 본다. 〈히말라야〉는 단순한 등반의 기록이 아니다. 서로를 지탱하는 마음, 포기하지 않는 의지, 그리고 함께 걷는 길에 관한 이야기다. 에베레스트를 향한 발걸음은 결국 삶을 어떻게 살아갈 것인가에 대한 깊은 물음으로 이어진다. 영화를 보고 나면, 에베레스트만큼 높지는 않아도 마음속 어딘가에 결코 작지 않은 하나의 산이 생긴다.

나가며

영화 〈죽은 시인의 사회〉의 선생님은 "당신도 한 편의 시가 될 수 있다"라고 노래한 휘트먼의 시를 학생들에게 소개하며 이렇게 말합니다. "우리는 시가 멋져서 읽고 쓰는 것이 아니란다. 인류의 일원이기 때문에 시를 읽고 쓰는 것이란다. 그리고 인류는 열정으로 가득하단다. 의학, 법률, 경제, 기술 같은 것은 고결한 추구이고 삶의 유지에 필수적이다. 하지만 우리가 살아가는 목적은 시, 아름다움, 낭만, 사랑이지. 여러분의 시는 어떤 것이 될까?"

우리 자신은 태어난 지구라는 별에서 '나다운 빛'을 내기 위한 존재입니다. 프로스트의 "숲속에 두 갈래 길, / 나는 흔적이 덜한 길을 택했네. / 그리고 그것은 모든 것을 바꾸어 놓았네." 그리고 제가 지은 시의 "우리가 풀어야 할 진짜 문제는 / 내 삶의 실타래를 다 풀어내는 일"에서와 같이, 비록 삶이 어려울지라도 품은 꿈을 접지 않는다면, 남과 비교하여 성패를 가름하지 않고 저마다의 길을 당당히 끝까지 걷는다면, 결국 '나의 시'가 빛나리라 생각합니다.

세상에 똑같은 시는 없습니다. 여러분은 자신의 어떤 시를 펼쳐 보이고 싶은가요? 올림픽 은메달을 따고도 고개를 숙일 건가요? 승패에 연연해 지레 포기하지 않은, 할 수 있는 한 끝까지 해낸 자신에게 환호를 보낼 건가요? 여러분의 건투를 빌며, 다시금 〈소울 서퍼〉의 대사로 마무리를 짓습니다. "인생도 서핑도 비슷하다는 걸 배웠다. 파도 밑에 처박혀도 곧바로 일어나야 한다. 파도 너머 무엇이 있을지 알 수 없으니까."

— 저자를 대표하여 정일화

참고 영화 & 문헌

- 〈**1984 최동원**〉(2021).
  1984, CHOI Dong-Won. 조은성 감독.

- 〈**1승**〉(2024).
  One Win. 신연식 감독, 송강호 · 박정민 · 장윤주 · 박명훈 출연.

- 〈**굿바이 홈런**〉(2011).
  Goodbye Homerun. 이정호 감독, 원주고등학교 야구부 출연.

- 〈**나의 펜싱 선생님**〉(2015).
  The Fencer. Klaus Haro 감독, Mart Avandi 출연, 핀란드.

- 〈**드리머**〉(2005).
  Dreamer. John Gatins 감독, Kurt Russell & Dakota Fanning 출연. 미국.

- 〈**땐뽀걸즈**〉(2017).
  Dance sports Girls. 이승문 감독, 이규호 · 김현빈 · 배은정 · 박혜영 · 박시영 · 심혜진 · 김효인 · 이현희 출연.

- 〈**땡큐 대디**〉(2013).
  The Finishers. Nils Tavernier 감독, Jacques Gamblin. 프랑스.

- 〈**뚜르 드 프랑스**〉(2014).
  Tour De Force. Christian Zübert 감독, Florian David Fitz 출연, 독일.

- 〈**록키**〉(1076).
  Rocky. John G. Avildsen 감독, Sylvester Stallone 출연, 미국.

- 〈루디 이야기〉(1993).

  Rudy. David Anspaugh 감독, Sean Astin 출연. 미국.

- 〈리멤버 타이탄〉(2000).

  Remember the Titans. Boaz Yakin 감독, Denzel Washington 출연. 미국.

- 〈리바운드〉(2023).

  Rebound. 장항준 감독, 안재홍 · 이신영 · 정진운 · 김택 · 정건주 · 김민 · 안지호 출연.

- 〈맥팔랜드, USA〉(2015).

  McFarland, USA. Niki Caro 감독, Kevin Costner 출연. 미국.

- 〈미라클〉(2004).

  Miracle. Gavin O'Connor 감독, Kurt Russell 출연. 미국.

- 〈믿음의 승부〉(2015).

  Catching Faith. John K.D. Graham 감독, Lorena Segura York 출연. 미국.

- 〈브레이킹 어웨이〉(1979).

  Breaking Away. Peter Yates 감독, Dennis Christopher 출연. 미국.

- 〈블라인드 사이드〉(2009).

  The Blind Side. John Lee Hancock 감독, Sandra Bullock 출연. 미국.

- 〈세상에서 가장 빠른 인디언〉(2005).

  The World's Fastest Indian. Roger Donaldson 감독, Anthony Hopkins 출연.

- 〈세크리테리엇〉(2010).

  Secretariat. Randall Wallace 감독, Diane Lane 출연. 미국.

- 〈소울 서퍼〉(2011).
  Soul Surfer. Sean McNamara 감독, AnnaSophia Robb 출연, 미국.

- 〈슈퍼스타 감사용〉(2004).
  Mr. Gam's Victory, 김종현 감독, 이범수 · 윤진서 · 공유 · 류승수 출연.

- 〈스프린터〉(2023).
  Sprinter. 최승연 감독, 박성일 · 공민정 · 임지호 · 전신환 · 송덕호 · 최준혁 출연.

- 〈슬램덩크 더 퍼스트〉(2022).
  The First Slam Dunk. 成合 雄彦 감독, 일본.

- 〈아이스 프린세스〉(2005).
  Ice Princess. Tim Fywell 감독, Joan Cusack 출연, 미국.

- 〈우리는 마샬〉(2006).
  We Are Marshall. McG 감독, Matthew McConaughey 출연, 미국.

- 〈캠퍼스 히어로〉(1986).
  Hard Lessons. Eric Laneuville 감독, Denzel Washington 출연, 미국.

- 〈코치 카터〉(2005).
  Coach Carter. Thomas Carter 감독, Samuel L. Jackson 출연, 미국.

- 〈쿨 러닝〉(1993).
  Cool Runnings. Jon Turteltaub 감독, Leon 출연, 미국.

- 〈킹 리처드〉(2021).
  King Richard. Reinaldo Marcus Green 감독, Will Smith 출연, 미국.

- **〈킹콩을 들다〉**(2009).

  Lifting Kingkong. 박건용 감독, 이범수 · 조안 · 변희봉 · 우현 출연.

- **〈퍼펙트 게임〉**(2011).

  Perfect Game. 박희곤 감독, 조승우 · 양동근 · 최정원 · 마동석 출연.

- **〈페이스메이커〉**(2012).

  Pacemaker. 김달중 감독, 김명민 · 안성기 · 고아라 · 조희봉 출연.

- **〈포드 v 페라리〉**(2019).

  Ford v Ferrari. James Mangold 감독, Matt Damon 출연, 미국.

- **〈포에버 스트롱〉**(2008).

  Forever Strong. Ryan Little 감독, Gary Cole 출연, 미국.

- **〈홀랜드 오퍼스〉**(1995).

  Mr. Holland's Opus. Stephen Herek 감독, Richard Dreyfuss 출연, 미국.

- **〈히말라야〉**(2015).

  ㅣThe Himalayas. 이석훈 감독, 황정민 · 정우 · 조성하 · 김인권 출연.

- **《가르치는 길》**(2025).

  정일화 지음, 학지사.

- **《건투를 빌어요》**(2024).

  정일화, 장필준, 한동수, 이승현, 강민수, 이정우, 이청아, 서유정, 송재우 지음, 크루.

얘들아! 오늘 체육, 교실이야!

초판인쇄 2026년 01월 02일
초판발행 2026년 01월 02일

글 정일화 · 강민수 · 권순신 · 박아름 · 서유정 · 성대한
이정우 · 임재은 · 장필준 · 정영수 · 최병화 · 한동수
발행인 채종준

출판총괄 박능원
책임편집 양동훈, 최동군
디자인 김연자
마케팅 문선영
전자책 정담자리
국제업무 채보라

브랜드 크루
주소 경기도 파주시 회동길 230(문발동)
투고문의 ksibook13@kstudy.com

발행처 한국학술정보(주)
출판신고 2003년 9월 25일 제406-2003-000012호
인쇄 북토리

ISBN 979-11-7457-365-0 03690